微信公众号运营

实战方法、案例与技巧

庐七◎著

電子工業出版社
Publishing House of Electronics Industry
北京•BEIJING

内容简介

本书是一本讲述公众号运营的书。首先，讲述了微信公众号运营的五大优势、四大模式及定位方法。通过这一部分的讲解，使读者对微信公众号有了大致的了解。随后讲述了公众号的注册流程、内容运营、标题运营的正确方法、思路及运营禁忌。在运营的不同时期，运营重点不同，从初期、发展期、成熟期分别进行讲解。最后，讲述了公众号盈利的三种方法。

书中运用了大量的、最新的公众号运营案例，以期对运营者进行指导，并在专注实战的同时，给予了策略性指导。

图书在版编目（CIP）数据

微信公众号运营：实战方法、案例与技巧 / 庐七著. —北京：电子工业出版社，2017.2

ISBN 978-7-121-30386-9

Ⅰ.①微… Ⅱ.①庐… Ⅲ.①网络营销 Ⅳ.① F713.365.2

中国版本图书馆 CIP 数据核字（2016）第 277829 号

策划编辑：张彦红　董　雪
责任编辑：徐津平
特约编辑：赵树刚
印　　刷：北京盛通商印快线网络科技有限公司
装　　订：北京盛通商印快线网络科技有限公司
出版发行：电子工业出版社
　　　　　北京市海淀区万寿路 173 信箱　　　邮编：100036
开　　本：720×1000　1/16　印张：15.25　字数：244 千字
版　　次：2017 年 2 月第 1 版
印　　次：2022 年 1 月第 14 次印刷
定　　价：49.00 元

凡所购买电子工业出版社图书有缺损问题，请向购买书店调换。若书店售缺，请与本社发行部联系，联系及邮购电话：（010）88254888，88258888。

质量投诉请发邮件至 zlts@phei.com.cn，盗版侵权举报请发邮件至 dbqq@phei.com.cn。

本书咨询联系方式：010-51260888-819，faq@phei.com.cn。

前言

2016年4月25日，功夫巨星李连杰在其生日前夕开通了自己的微信公众号。据李连杰说，其公众号将会分享电影、武术、壹基金、太极禅四个方面的内容。在此之前，陈坤通过打造自己的公众号自媒体平台实现了一天700万元的收入，这也让微信公众号成为了众人关注的焦点。

作为连接用户与用户、企业与用户的领先自媒体平台，微信公众号数量已经突破了1500万人次，并且还在以每天1.5万人次的速度增加。可是你真的了解微信公众号吗？你知道微信公众号如何起名才能在搜索排名中占据优势地位吗？你知道微信公众号如何生产内容才能获得“10万+”的点击率吗？你知道微信公众号是如何帮助自媒体或企业实现巨额盈利的吗？

以内容生产为例，本书讲述了“2016年第一网红‘papi酱’”的内容运营案例。“papi酱”的内容生产有三个特点：选择易于传播的话题；多网络语的语言选择；插入式评论的诱导方式。

首先是话题选择。对于像“papi酱”一样的自媒体及主播们来说，他们每天都在思考的三件事情就是说什么、怎么说、说得怎么样。“papi酱”所说的内容大多是“80后”和“90后”生活中、职场中已经发生的、正在发生的及未来将会发生的事情，大多针对批判性强、适合传播的问题，因此总是能够引爆传播。

其次是语言选择。“papi酱”的语言选择艺术值得推敲，几乎每三句话就有一个小高潮。“papi酱”多用短句、陈述句、缩写词、简单词，发音变化及拼写倒置等技巧都给人耳目一新的感觉。尽管这种支离破碎的网络语言不是“papi 酱”创造的，但是她把这种语言效果发挥到了极致。

最后是诱导方式。在每一个视频中，“papi 酱”都会使用“我是‘papi 酱’，一个集美貌与才华于一身的女子”这种总结式的诱导。这种总结非常自然，容易让观众接受，大多数观众都会顺着情绪引导，进入完整角色的过渡。另外，像“当时就懵的我……”这种插入式的评论引导代替了观众的思考，往往能给人留下深刻印象。

除了“papi 酱”以外，我们还列举了“罗辑思维”、“同道大叔”、“吴晓波频道”、“咪蒙”、“顾爷”、“石榴婆报告”等大量红人自媒体案例。还有小米、可口可乐、海底捞、星巴克等企业官方微信公众号案例，为企业微信公众号运营提供范例。

可以说，本书涵盖了微信公众号从注册到内容创作，再到推广，最后到盈利的整个过程的实战方法、成功案例及技巧。这些经验的归纳和总结，可以使公众号运营新手省去大量的摸索时间，提升运营工作的效率；可以使长期从事公众号运营的工作者对照自己的成果，发现自己的优劣势，从而使运营工作提升一个等级。

目录

第 1 章　微信公众号运营五大优势 / 1

1.1　站在移动互联网的大风口上 / 2

1.2　千万公众号，亿万盈利市场 / 7

1.3　100% 信息到达率，更精准 / 13

1.4　多平台整合：朋友圈、QQ 空间、腾讯微博 / 16

1.5　公平的运营环境 / 19

1.6　微信公众平台将成独立 APP/ 24

第 2 章　微信公众号四大模式 / 28

2.1　自媒体模式 / 29

2.2　垂直卖货销售模式 / 33

2.3　品牌营销模式 / 36

2.4　客户关系维护模式 / 40

2.5　为什么“papi 酱”火了，你的自媒体却不死不活 / 44

第 3 章　微信公众号定位 / 50

3.1　你要解决什么需求 / 51

3.2　你能为用户提供什么价值 / 56

3.3　你和竞争对手有什么不同 / 59

3.4　做出精准的用户画像 / 62

第 4 章　公众号注册和申请技巧 / 67

4.1　公众号申请流程 / 68
4.2　选择恰当的公众号类型 / 70
4.3　公众号命名 / 73
4.4　怎么“偷看”别人的公众号粉丝量 / 77
4.5　向微信大号取经 / 80
4.6　规划微信公众号的四大策略 / 81

第 5 章　公众号内容标准化生产模式 / 85

5.1　内容筹备三大方式 / 86
5.2　差异化展现内容 / 91
5.3　文章排版 / 93
5.4　推送时间 / 98
5.5　和“2016 年第一网红‘papi 酱’”学内容运营 / 102
5.6　新晋网红“咪蒙”微信公众号一条广告价值 32 万元 / 104

第 6 章　公众号内容运营技术汇总 / 108

6.1　基于平台特性找段子 / 109
6.2　如何设置回复内容 / 112
6.3　互动法宝：微信签到积分功能 / 116
6.4　积极回答粉丝发言 / 118
6.5　玩转小米式参与感 / 121

第 7 章　公众号内容运营的四大禁忌 / 124

7.1　向产品经理推送娱乐八卦 / 125
7.2　转载各大媒体随处可见的文章 / 128
7.3　杂乱无章，什么都发 / 134
7.4　直白的广告植入 / 136

第 8 章 标题运营：让粉丝欲罢不能的六大标题 /139

8.1 痛点：读不完《失控》，至少可以读完这 50 条书摘 / 140

8.2 利益：月薪 3 千元与 3 万元的文案，差别究竟在哪里 / 143

8.3 常见场景：做 PPT，如何突出中文字体的美感 / 146

8.4 识别度：谷歌创始人“公开羞辱”员工后的第二天 / 148

8.5 共鸣：你有没有玩命爱过一个姑娘 / 149

8.6 热点：“国民老公”王思聪赞深度好文：曝田朴珺撩汉往事 / 152

第 9 章 公众号初期实战推广技巧 / 156

9.1 初期用户核心特征：质量高、影响力大 / 157

9.2 同业合作伙伴是首选 / 159

9.3 最佳策略：邀请名人、网红、大咖 / 160

9.4 没有投入，那就拼执行力 / 161

第 10 章 公众号发展期实战推广技巧 / 165

10.1 量化目标：设立 KPI/ 166

10.2 微信群引流 / 168

10.3 “公众号 + 视频直播”模式快速吸粉 / 170

10.4 APP 渠道推广 / 173

10.5 “行业文章 + 行业平台”发布 / 174

第 11 章 公众号成熟期实战推广技巧 / 177

11.1 微信联盟推广 / 178

11.2 相关号合作互推 / 179

11.3 微信小号为大号引流 / 184

11.4 微博大 V 推广 / 186

11.5 线下推广活动 / 188

第 12 章　公众号后台数据分析 / 192

12.1　公众号运营者需要有数据感 / 193
12.2　微信公众号后台数据分析 / 195
12.3　用户增长来源分析 / 197
12.4　图文阅读分析 / 200
12.5　用户属性分析 / 203

第 13 章　公众号盈利模式之软文广告 / 206

13.1　在微信公众号中植入软文 / 207
13.2　结合热点巧写软文 / 208
13.3　优秀软文的决定因素——选题 / 210
13.4　“同道大叔”借助吐槽星座留住千万级粉丝 / 213

第 14 章　公众号盈利模式之电商 / 216

14.1　自营微店：自己开店，自己盈利 / 217
14.2　在微信公众平台开通微店图文教程 / 219
14.3　货源、物流平台选择 / 223
14.4　怎么做产品推广 / 226
14.5　“经典绘本”如何凭借“公众号 + 电商”模式日入 3.3 万元 / 227

第 15 章　公众号盈利模式之社群活动 / 230

15.1　向参加者收取报名费 / 231
15.2　通过广告商赞助赚取赞助费 / 232
15.3　180 万用户，一年 2000 多场线下活动的“吴晓波频道” / 233
15.4　年入千万元秘诀：“罗辑思维”的盈利模式 / 234

1

微信公众号运营五大优势

1.1 站在移动互联网的大风口上

1.2 千万公众号，亿万盈利市场

1.3 100% 信息到达率，更精准

1.4 多平台整合：朋友圈、QQ 空间、腾讯微博

1.5 公平的运营环境

1.6 微信公众平台将成独立 APP

截至 2016 年 6 月，微信公众号数量已经突破 1500 万个。正如微信公众号的商业口号“再小的个体也有品牌”所说，众多的微信公众号不仅有企业创建的官方微信公众号,还有很多个人打造的自媒体号。作为一座有待挖掘的金山，微信公众号受到了各行各业的关注。下面，大家一起来看看微信公众号运营到底有哪些优势，竟引得无数巨头竞折腰。

1.1 站在移动互联网的大风口上

未来十年，中国商业将发生翻天覆地的变化，所有的传统大企业都有可能被颠覆在时代的潮流中。人们的生活方式已经逐渐发生变化，一旦根本性的变化发生，来不及变革的企业就会消亡。2013 年 11 月 11 日，淘宝的交易额为 300 亿元；2014 年，微信红包一夜之间绑定 1 亿用户，超过淘宝积累了八年的用户数；2015 年，微信和春晚合作，除夕夜几乎所有人都在“摇一摇”；2016 年，个人与企业纷纷抢占先机，建立微信公众号……

1.1.1 以 QQ 用户关系为基础

外界评论，微信已经拿到了移动互联网的船票，而腾讯创始人兼 CEO 马化腾表示，这只是外界给微信封的船票，自己的感觉并不那么乐观。马化腾认为，微信只是站在了移动互联网的大风口上，能否顺利走到终点还是未知。

“我们对未来充满了未知，但我们仍然很有激情、有兴趣去探索。我觉得它的美好之处在于它的未知，这个行业是蓬勃发展的行业，很多人都有机会一起上这条船。”马化腾说。

作为腾讯迎合移动互联网的杀手级应用，微信最初的发展与手机 QQ 是类似的。微信最初导入的关系链全部是 QQ 关系，还添加了手机中存在的庞大真实的关系链——通信关系链。微信让积累了十几年的互联网关系链和手机关系链融合，形成了更加丰富、更加实名化的关系链，这才让微信和 QQ 区别开来。马化腾表示，微信与手机 QQ 不是相互替代关系，而是自我更新，两者是差异化竞争。

对于两者的差异化竞争，大家可以这样理解：包括手机 QQ 在内的腾讯 QQ 是腾讯最核心的平台产品，它主打 PC 对 PC、PC 对手机的沟通平台。然而微信主打手机对手机的通讯工具，在未来也不会推出 PC 版。可以说，微信是腾讯平台战略的一个重要补充。借助腾讯 QQ，微信刺激了腾讯覆盖新的人群空间——中高端人群。智能手机用户属于中高端人群，而腾讯 QQ 无法全面覆盖这一人群。

比如，南方日报报业集团主办的《二十一世纪商业评论》主编吴伯凡就几乎不用 QQ，在微信风靡的时候他决定放弃 TalkBox 而改用微信，因为身边的朋友几乎都用它。安装微信之后，他发现微信为他推荐的好友中赫然写着云峰基金发起人虞锋的名字，而虞锋根本就不会用 QQ。

如果说腾讯 QQ 是互联网时代社交领域的王者，那么随着移动互联网时代的到来，个人关系从 IP 转变为 ID，占据个人手机桌面的微信就成为移动互联网社交领域的王者，并成就了下一个社交帝国。

微信的成功不单单是微信产品本身的成功，还在某种意义上代表着腾讯 QQ 的成功。因为移动互联网是互联网在移动端的延伸，而非凭空缔造。也就是说，微信是腾讯 QQ 在移动端的延伸，是腾讯在移动互联网时代的重要布局。

1.1.2　强关系 + 弱关系并行

微信在快速成长的几年里，都是凭借创新性的功能来吸引新用户，实现用户数增长的，如图 1-1 所示。与此同时，微信的成长速度在不断加快，微信自诞生到突破 1 亿的用户量用了 14 个月，突破 2 亿的用户量只用了 6 个月，而突破 3 亿的用户量更是仅用了 4 个月。

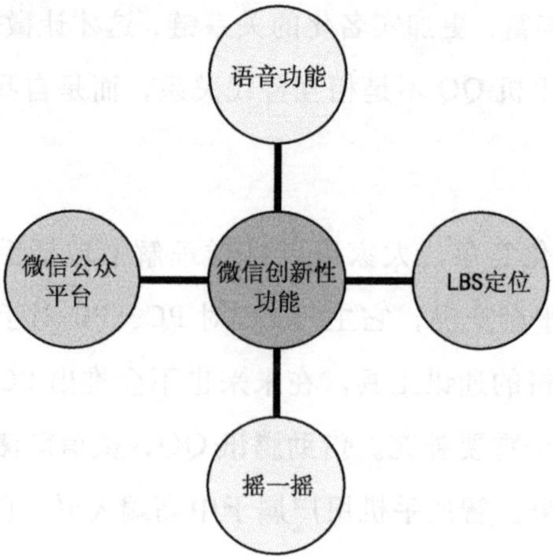

图 1-1　微信创新性功能

大家应当都见过这样的情景：在一家灯光昏暗的咖啡厅里，一个看起来无聊透顶的年轻人从包里拿出手机，打开微信，轻轻地摇了几下。几秒后，他听到叮咚一声，2000 千米以外的某个人向他打了一个招呼。他微微一笑，然后继续晃动手机。这样的摇动每天都要发生上亿次。这就是微信的魅力，在继承 QQ 强关系链的基础上，还建立了弱关系社交。

当同类移动社交软件在文字与语音短信发送的炫目与快捷平衡中角逐时，微信走上了不同的路。微信推出了 LBS 定位和视频通话功能，并且推出基于 LBS 功能的"摇一摇"原创功能。"摇一摇"很快受到了智能手机用户的热捧，成为微信用户每天必不可少的动作。

如果你从微信诞生时便开始使用它，那么你一定知道，微信首屏是一个孤独的人影与星球，它似乎预示着微信的定位是因寂寞而沟通，与陌生人交友。

这种定位貌似与陌陌、米聊一致，然而在此之后你会发现，微信已经导入了手机通讯录联系人、QQ 好友。因此，微信是一款熟人交流与陌生人交友兼备，强关系 + 弱关系并行的产品。

另外，微信的竞争对手陌陌、米聊等移动社交软件因为缺乏邮箱与社交应用方面的基础，只能固守在通讯录联系人交流与陌生人交友的领域，而这就是微信能够抗衡陌陌、米聊、Kik 等同类应用的关键所在。

截至 2016 年，微信经历了三个发展阶段，并在这个过程中发展成为强关系 + 弱关系并行的社交平台。微信的三个发展阶段如图 1-2 所示。

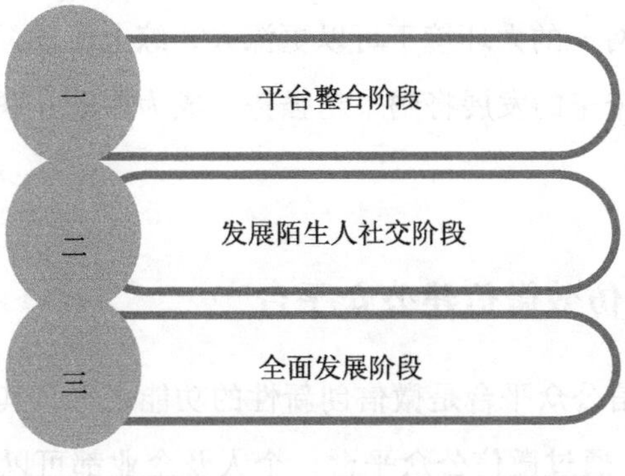

图 1-2　微信的三个发展阶段

1. 平台整合阶段

微信将手机通讯录、QQ、邮箱、微博等产品打通，有效地帮助用户整合和管理关系链条，在满足用户沟通需求的基础上，也利用了手机通讯录、QQ、邮箱等产品的用户，为微信用户的增长提供了契机。

2. 发展陌生人社交阶段

腾讯 QQ 主导的社会关系链是虚拟与真实关系相结合的“半熟社会”，而微信通过将 LBS、摇一摇、漂流瓶等功能融为一体，集合了熟人社交和陌生人社交两大社交需求。

3. 全面发展阶段

与其说微信是一款通信应用，倒不如说它是全新的移动社交应用。从炙手可热的二维码身份识别，到动感表情、小游戏的推出，一系列的新功能都表明微信占据用户手机通讯录之后，正给用户庞大的关系数据库赋予更多的社交功能，盘活整个数据库。对微信来说，移动即时通信领域的战争就是一次史无前例的诺曼底登陆战。

2016年年初，微信团队和香港科技大学成立的人工智能联合实验室受到众多媒体关注。该实验室主要研究数据挖掘、机器人对话、机器视觉、语音识别等方向。微信智能研究的重点是突破微信大数据下的人工智能相关技术，使微信的连接在互联网+的大环境下可以更深入。综上所述，微信积极迎合移动互联网的大风口，未来的发展将越来越强势，成为移动互联网领域无法撼动的社交霸主。

1.1.3 阿里巴巴仿效微信建公众平台

上文提到，微信公众平台是微信创新性的功能之一，其理念基础为“再小的个体也有品牌”。通过微信公众平台，个人及企业都可以建立一个属于自己的微信公众号，并打造自己的品牌。

由于微信公众平台具有CRM客户关系管理功能，还是自媒体人活跃的平台之一，因此获得了巨头们的巨大关注，效仿者不断，阿里巴巴就是其中之一。

阿里巴巴试图通过旗下移动通信工具旺信打造一个开放平台——旺信公众平台。旺信希望卖家通过公众账号与用户建立关联，从而打造一个良性互动的探讨机制，开创淘宝无线的新格局。

公众账号将由三项基础功能组成，包括广播、小组和服务，如图1-3所示。开通旺信公众账号以后，卖家既可以在账号上添加链接和宝贝、在主页上设置店铺入口，还可以让淘宝收录账号及信息，打通搜索渠道，从而最大限度地获取流量。另外，商家还可以通过公众账号开展互动活动，维护用户关系，为用户提供上新、团购等服务。

阿里巴巴的设想是：首先，在旺信公众平台上，卖家不仅仅是商品提供者，还是信息传播者，甚至会成为导购领域的专家；其次，买卖双方在旺信公众平台形成一个社交圈，借助公众账号的运营和推广打造人气和内容为王的店铺，颠覆传统 PC 店铺的格局。最后，公众账号通过添加卖家店铺入口及店铺服务的链接，实现移动端的消费闭环。

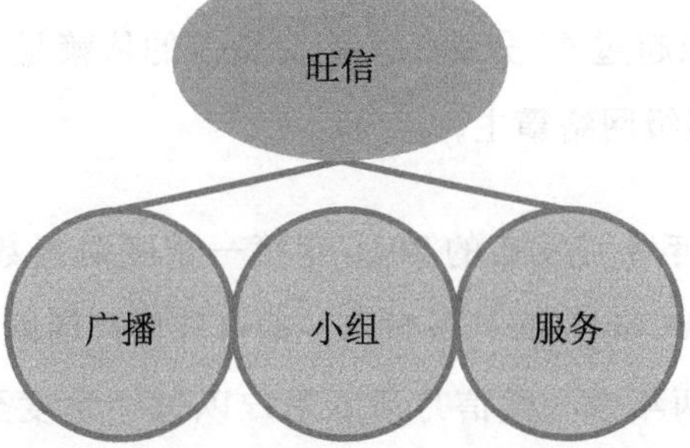

图 1-3　旺信公众账号的三项基础功能

通过阿里巴巴仿效微信建旺信公众平台的案例，大家可以发现，产品和信息都没有变，企业只是在打造一种符合用户习惯的用户体验。在博客诞生之时，大家纷纷建立博客；在微博诞生之时，大家纷纷建立微博；如今，微信崛起，这是移动互联网的新玩法。那些转身慢，死守传统的企业都是在等死。

1.2　千万公众号，亿万盈利市场

2016 年 6 月，一篇名为“中国最贵自媒体排行榜 TOP100”数据报告在网络上流传。其中，“papi 酱”的微信公众号名列榜首，一条广告价值 2200 万元；其后是“混子曰”、“郎 club”、“顾爷”等，每条广告的价值都在数十万到 150 万元之间。假设一个公众号每天发布八条图文消息，那么运营一个公众号可以盈利多少？超过千万量级的微信公众号的盈利市场又有多大？当微信用户建立起从微信公众号获取信息的习惯时，微信公众号将迎来一波又一波的红利。

1.2.1 微信用户基数大：7.61 亿

近两年来，微信已经发展成为社交圈中的超级应用。不管是线上还是线下，微信常常成为大家首选的身份标识。在社交场合，我们很少还能够看见互换名片的场景，因为它已经被扫描微信二维码所取代。在移动互联网上进行交互时，微信更是首选应用。相关调查显示，截至 2016 年 5 月 25 日，我国成年国民人均每天微信阅读时长超过 40 分钟，人们对微信的依赖是全方位的，微信是社交时代当之无愧的超级网络霸主。

根据腾讯 2016 年 5 月发布的 2016 年第一季度财报数据显示，截至 2016 年 3 月底，微信和 WeChat（海外版微信）的合并使月活跃用户达到 7.61 亿人，同期增长 39%。近两年来，微信月活跃用户以每个季度至少 5 千万人的速度增长，而且速度还在加快。2016 年第一季度，用户增加了 6 千万人以上，增幅达到 39%。如此增幅速度，在全世界都找不到第二例。

与此同时，腾讯 QQ 的月活跃用户为 8.77 亿人，同比增长幅度仅为 5%。与微信相比，明显处于弱势。如果微信的增长趋势保持下去，必然会在 2016 年年底彻底超越 QQ，成为腾讯第一大产品。

事实上，微信早就在移动端超越了 QQ。截至 2016 年 3 月底，手机 QQ 的月活跃用户为 6.58 亿人，同比增长 9%，低于微信 7.61 亿人的月活跃用户。另外，腾讯 QQ 同时在线用户最高时达到 2.6 亿人，同比增长 14%；QQ 空间的月活跃用户为 6.48 亿人，同比下降 3%；QQ 空间在移动端的月活跃用户数为 5.88 亿人，同比增长 4%。

1.2.2 微信的商业化历程

微信的商业化历程开始于 2012 年年底，2016 年还在进行中。微信支付、卡券、微电商、微生活、游戏等都在其讨论范围内。截至 2016 年 7 月初，微信的商业化基本架构已经确立，如图 1-4 所示。

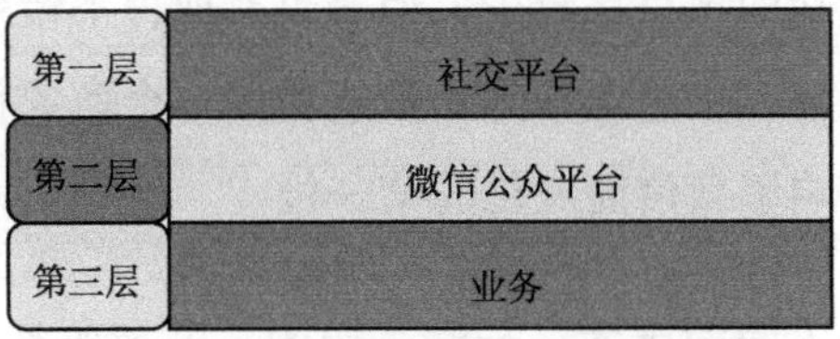

图 1-4　微信的商业化基本架构

微信的社交平台是微信商业化的最底层，它将海量用户聚集到一起，为微信商业化提供了养分基础；微信公众平台是微信商业化的第二层，它将服务与内容提供商连接到一起，相当于微信商业化的土壤。微信商业化的第三层是业务，包括支付业务、广告、游戏、电商、O2O、企业、硬件等，这是微信商业化的结果。

任何产品的商业化都是基于一个框架逐步展开的，这个框架要清晰明了、逻辑简单。尽管微信商业化的基础框架并没有什么特别之处，但是与其他平台相比，执行起来存在巨大差异。比如，百度的强项是技术、阿里巴巴的强项是商业、QQ 的强项是运营，而微信的强项是产品，各大平台的强项不同就必然导致其商业化道路不同。

微信的商业化决策始终都是以产品需求为导向的。无论张小龙带领的微信团队讨论什么商业化项目，主题都是围绕用户需求展开的，战略与竞争永远都不会成为焦点。

这种特征在张小龙创立微信的过程中就已经有所显现。张小龙创立微信时，提炼了很多准则，包括不能逾越双向好友关系、微信内的信息必须与用户相关，禁止系统推送等。

这些准则衍生出了更多的规定，微信的商业化过程必须以此为标准。比如，活动推广不能过度、禁止诱导分享、禁止诱导关注、信息流要清晰、突出好友等。

截至 2016 年，微信团队已经在游戏、电商、O2O、服务等领域做了很多商业化尝试，虽然成功的项目比较少，但是也有取得不错效果的项目。游戏是微信第一个商业化项目，也是至今为止最成功的一个商业化项目。可以说，飞机大战这个小游戏打响了微信商业化的第一枪。

飞机大战有四个不同的版本，玩法、美术、音效等都是经过精心策划的。由于大多数用户在启动微信之后会先玩这个游戏，所以游戏的稳定性非常关键。经过团队一个月的努力，飞机大战最终取得了不错的效果。

在游戏之后，微信公众平台的商业化成为微信团队重点关注的对象。最初，微信公众号是为了解决用户在微信上的阅读需求而设计的，它的订阅—推送模式就足以说明这一点。然而公众号的消息系统为它带来了无限的可能性。

从解决用户阅读需求的订阅号到后来连接众多主体的服务号，微信公众号为微信的商业化带来了更多的可能性。尽管整个中国都为之癫狂，但是微信团队依然以打造优质平台为目标，非常谨慎地完善微信公众平台的功能，节奏非常缓慢。因此，外部质疑声不断，有些人表示不看好微信公众平台的商业化价值。

然而，微信团队通过微信公众号做效果广告的成功试验打消了人们的质疑。微信公众号的商业价值最终会体现在优质内容上，这就让微信团队更加坚定了做优质内容的决心。微信团队从来没有将提高盈利作为目标，而是通过坚持不懈的学习和探索，努力把自己打造成最优质的效果广告平台，为用户提供最有价值的信息。

微信商业化的故事还在继续，在未来会面对更多挑战。但是，微信团队一直都没有放弃两样东西：一是正确的方向；二是团队的激情。

招商银行微信推广负责人范雨表示："从我们的角度看，非常欢迎微信公众平台的商业化改变。微信公众平台运营走向正规化、商业化，对招商银行微信公众号有好处。"

1.2.3 博主、段子手到微信公众号，动辄估值上亿

从微信公众号火爆的当下回首过去，我们会发现博客、微博也曾像微信公众号一样引领时代潮流。下面，让我们一起回顾一下这些平台的辉煌历史。

2005 年，写博客是一种潮流；2010 年，依然坚持写博客应该会让人小小惊讶一下；2016 年，仍然写博客就会被人当成古董。在移动互联网时代，十年前热火朝天的博客已慢慢退出我们的生活。

博客时代涌现出了一批优秀的创作者，比如“keso”、“阮一峰”、“带三个表”、“南桥”等博主。2011 年，知乎上某网友提出问题“博客还有前途吗？”。“带三个表”回答了该问题，说：“从商业角度来讲，博客一直就没有过前途。从个人使用角度来讲，以后还有人会用到的。因为目前还找不到更好的替代博客的形式，除非微博不限制字数。”

无论博客还有没有前途，它依然迅速被微博抢了风头。140 个字的微博具有短、平、快的特点，如图 1-5 所示。微博的流行催生了段子手这个新奇物种，比如“天才小熊猫”、“作业本”、“留几手”等。他们创作的段子往往有上百万的转发和评论，比杂志一年的销量还多；通过每天拍一只猫一只狗火起来的“回忆专用小马甲”圈粉将近 2600 万人；草根网红也依托微博平台出现在大众视野……微博这个迷幻世界使无数个不可能成为可能。

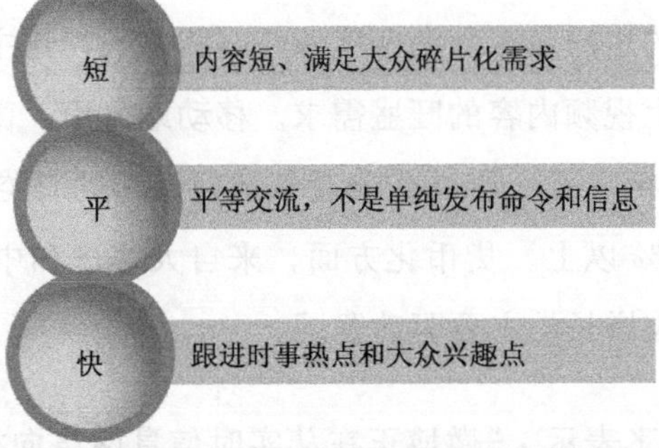

图 1-5　微博的特点

微博官方发布的2016年第一季度财报数据显示，截至2016年第一季度末，微博月活跃用户达到2.61亿人，同比增长32%；日活跃用户达到1.2亿人，同比增长35%。与上一季度相比，微博月活跃用户净增2600万人，日活跃用户净增1400万人，均创下2014年4月17日在美国纳斯达克上市以来最大单季增幅。商业化方面，微博一季度总营收7.77亿元，同比增长29%，高于此前的业绩预期。当季微博盈利1.05亿元，同比增长529%。图1-6为微博月活跃用户的增长。

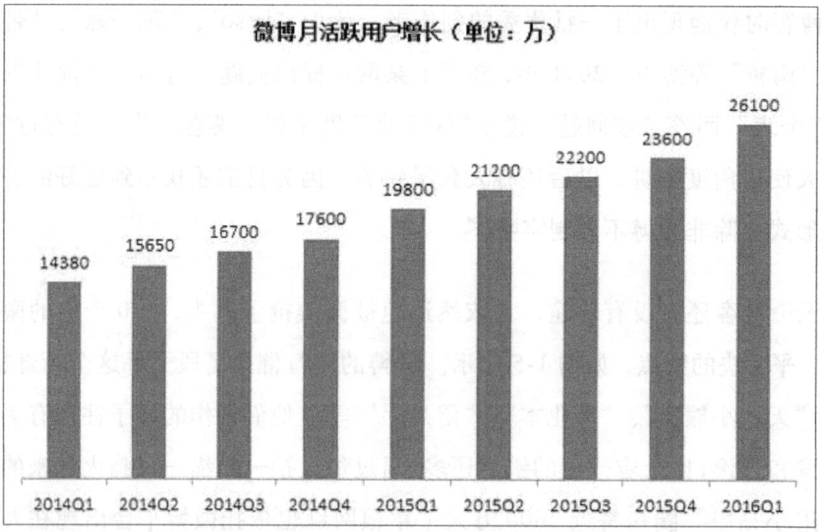

图1-6 微博月活跃用户增长

新浪微博董事长兼CEO曹国伟称：“微博在运营和财务业绩两方面继续显露强劲势头。微博的用户数量和活跃度保持强势增长，这主要得益于对信息流的优化和微博平台上视频内容的旺盛需求。移动端方面，微博巩固了在该领域的领先地位，2016年3月，通过移动设备访问微博的日均活跃用户占微博总日均活跃用户的91%以上。货币化方面，来自大客户和中小企业客户的广告营收已成为微博营收增长的主要驱动器。”

微博CEO王高飞表示：“微博正在从实时信息网络向社交兴趣网络转型，

从而满足更多用户的需求。从去年开始，微博逐步在信息流中增加基于用户兴趣和亲密度而展示的内容，使内容消费量获得显著增长。”

微博及微博孵化出的段子手们都在依靠广告维生。而微博时代的投资大多集中在微博营销机构及段子手的孵化上。尽管拥有上百万粉丝的大 V 转发一条广告的价格高昂，但是投资大 V 的事情几乎没有。

随着移动互联网时代对互联网的革新，微信公众平台成为了新的内容传播介质。在微信公众号的爆发期，用户数、阅读量及用户黏度是衡量内容价值高低的数据指标。

自微信公众平台诞生之后，为用户提供价值内容的自媒体公众号动辄估值上亿，例如罗振宇的“罗辑思维”估值 13.2 亿元、“12 缸汽车”估值 1.5 亿元、短视频自媒体一条估值 1 亿元、餐饮老板内参估值 1 亿元……这仅仅是开始，随着微信公众号的持续火爆，这些数字正呈直线上升趋势。

1.3　100% 信息到达率，更精准

如果将微信公众号作为纯粹的沟通工具，那么运营者与用户之间的对话完全是私密性的，不会被别人知晓。更高的亲密度为推送真正满足用户个性化需求的内容提供了便利。从某种程度上说，微信上信息的曝光是强制性的，这就是微信公众平台信息到达率为 100% 的原因。

1.3.1　微信实现 P2P 精准传播

2016 年 3 月 21 日晚，因为《欢乐喜剧人》而火起来的相声新秀岳云鹏发微博称：“一直以来粉丝的支持让我觉得温暖，可是粉丝群的人数有限，我开通了一个微信公众号，把我的节目和信息都集中到一起了，方便大家观看，搜索‘岳来越好’公众号就可以进入，感谢大家的支持。爱你们！”

在公众号上，“小岳岳”时常发布一些自拍萌照、节目视频及自己的最新动态消息等，引发了粉丝们的热切关注。“我的天呐，还要不要脸，我都臊得慌”“不用怕小岳岳，你怎么拍都好看”……从粉丝们的讨论可以看出，这些调侃中蕴含着对岳云鹏深深的喜爱。岳云鹏通过微信公众号运营获得了无数的粉丝。

不仅岳云鹏，现在很多明星都通过微信公众号推广宣传自己。微信是一个很好的营销推广工具，它可以像 QQ 一样私聊、群聊，像微博论坛一样互动分享，秒杀了一系列营销工具，用微信做老客户维护，用心去做，肯定会得到更好的营销效果。

微信营销是一种通过 P2P 资源投放实现的 P2P 精准营销，可以让每一个用户看到你传播的信息，了解你的最新动态，虽然微信营销是点对点营销，营销的范围会变小，但是营销质量较好。比如，公众号运营者可以对用户进行分组，使推送的消息更加精准。运营者只要把文案策划做好，营销推广获得成功基本就不是问题。

1.3.2 一千个微信公众号粉丝相当于十万个微博粉丝

美国著名杂志《连线》创始主编凯文·凯利（Kevin Kelly）曾提出“一千个铁杆粉丝”的理论，他认为，“任何一个从事艺术创作的人，只要拥有一千个铁杆粉丝，也就是那些无条件支持你、买你全部产品的人，你就能够很好地生存下去。”

如今，“一千个铁杆粉丝”理论又有了新说法，即“一千个微信公众号粉丝相当于十万个微博粉丝”。尽管这种说法听起来有点夸张，但是微信公众号粉丝的质量确实远远高于微博粉丝。一般，微信公众号运营者只要控制好发送频率及推送的内容质量，就能够收获意想不到的营销效果。下面，我们从两个方面来看看微信公众号粉丝质量高于微博粉丝质量的原因。

第一，微信公众号粉丝具有真实性。

微信自诞生之时就具有真实的基因，比如，微信号的申请严格限定绑定一个手机号。从当前的社交平台看，微信是中国最严格的实名认证社交平台，没有之一，微博及更早一些的人人网、开心网根本不能与之相比。这种真实性特征在实际应用中体现得非常明显。

首先，你的粉丝不一定会看到你更新的微博，因为他可能同时关注了上百或者上千人。比如，你关注了范冰冰、鹿晗等 100 个明星，那么范冰冰发一条微博被你看到的概率约为 1%。而微信公众号的信息推送属于一对多模式，直接发送到用户的手机，送达和被看到的概率几乎是 100%。在这方面，微信远远好于微博。

其次，微博粉丝的获取比较容易而且没有可控性，你根本不知道你的粉丝是不是你想要影响的受众，而微信可以做到这一点。影响 100 个与你的目标受众无关的粉丝和影响 10 个目标用户，你会选择哪一种？

第二，微信公众号粉丝具有可控性。

正如第一点提到的，微信公众号运营者可以自己决定公众号粉丝的受众群体。比如，一个专门做公务员考试资讯、书籍及培训的公众号名字为“公务员考试网”。从公众号名字就可以看出其定位，而一个平时只关心美女和八卦的人是不会关注这个公众号的。也就是说，微信公众平台的定位首先就自动对受众做了一次筛选。而且，公众号的营销推广又会做出第二次受众筛选。依然以公务员考试网公众号为例，其运营者绝对不会去美女贴吧做宣传。毕竟，不属于目标受众群体的粉丝是没有任何价值的。

微信公众号后台强大的分组功能也体现了公众号粉丝的可控性。运营者可以使用这个功能对粉丝进行分类。比如，按照性别分为男性粉丝组和女性粉丝组，对女粉丝多推送情感诉求类的文章，对男粉丝多推送理性诉求的文章；按照地区分为山东、山西等；按照需求层次分为强需求、一般需求及弱需求等。

微信公众平台顺应移动互联网大势，一路高歌猛进，已经成为当今媒体平台的龙头老大，其火爆是非常合乎情理的。

1.4 多平台整合：朋友圈、QQ 空间、腾讯微博

由于微信、QQ、腾讯微博等都是腾讯旗下的产品，因此微信公众号具有整合这些平台资源的优势。微信公众号与 QQ 空间、微信朋友圈、腾讯微博等相关平台一起实现了信息的协同传播，为运营者带来了巨大便利。

1.4.1 腾讯基于旗下百种产品构建开放平台

开放平台是企业的基础资源与应用创新力相互激励的正向反馈过程。无论是 Wintel 联盟（微软和英特尔联盟），还是思科、IBM 及谷歌等巨头企业，最终都发展成为平台型企业。苹果公司将构建开放平台模式作为企业的重要战略，而脸书（Facebook）和推特（Twitter）都通过开放平台模式取得了爆发式发展。

作为中国互联网 BAT 三巨头之一，不断发展的腾讯必然会走向开放平台。腾讯是一家用户需求驱动的公司，需要不断创新产品来满足用户的新需求，实现企业规模的不断扩张。这种增长模式有一定的局限性，当企业发展到一定规模之后，就很难再有所突破。

在构建开放平台之前，腾讯已经有数百种产品，包括 QQ、微信、腾讯游戏、腾讯微博等多个杀手级应用。因此，腾讯的开放平台和 Facebook、360 等开放方式相比具有显著的特点，即多平台开放。

截至 2016 年，腾讯已经建立起腾讯 QQ、QQ 空间、腾讯微博、腾讯朋友、财付通、电子商务、腾讯搜搜及彩贝八大开放平台，如图 1-7 所示。随着腾讯

产品的不断增加，腾讯的开放平台已经陆续增加了 20 多种细分市场的开放平台，比如 QQ 电影票等。

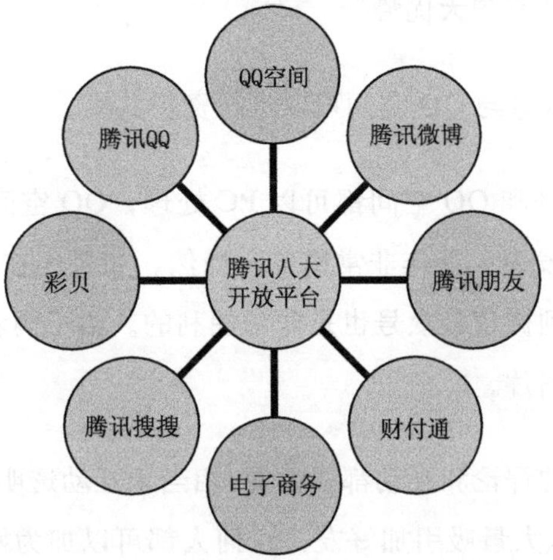

图 1-7　腾讯八大开放平台

在开放平台上，腾讯只需要做好基础建设和流量引入，而开发商则负责提供应用和内容。此外，腾讯还针对中国的市场特点，依靠现有资源为开发商提供了账户、推广资源、盈利方式、大数据分析等一站式服务。

多平台开放的战略在入口层面发挥了很强的协同效应。例如，开发商开发了一个手机 QQ、手机 QQ 空间及微信上都有的游戏，那么当用户在手机 QQ 上玩游戏到一定程度后，在手机 QQ 空间和微信上也能同步其数据和进程。这种协同效应有利于开发商通过更加广泛的社交关系链去推广传播自己的产品。

腾讯通过多平台开放的战略覆盖了互联网应用的各个环节，打通了全产业链。与新浪微博、人人网等开放平台相比，腾讯的入口具有更强的丰富性和全面性；与百度、盛大等相比，腾讯具有更强大的账号体系、社交关系及更丰富的产品线。这些特点使腾讯可以为开发商提供一站式登录、社会化营销推广、更强的支付手段及地图、音乐等 API（应用程序编程接口）。正如马化腾所说："开放不仅是一种姿态，更是一种能力。"

1.4.2 渠道、应用、平台实现对接

在腾讯的开放平台体系之下，腾讯旗下的渠道、应用和平台都实现了对接。因此微信公众号运营有先天优势。

首先，微信公众号与QQ空间可以进行资料共享。

由于微信公众号和QQ空间都可以PC处理，QQ空间可以直接从微信公众号复制粘贴内容发表，操作非常简单。当然，如果先在PC端QQ空间发表内容，再复制粘贴到微信公众号也是非常便利的。由于两者都是腾讯系统，所以也支持直接复制图片。

同时，QQ空间的评论和互动都很方便，相当于互动透明聚合的微信朋友圈。另外，QQ空间可以大量吸引加好友，任何人都可以加为好友，也方便转载及朋友圈分享，传播性较好。

其次，微信公众号可以绑定私人微信号和腾讯微博。

绑定渠道有利于用户获取链接。在腾讯微博或者私人朋友圈，通过"阅读原文"链接到微信公众号将沉淀大量访客。

最后，微信公众号已经和企业级产品营销QQ打通。

截至2016年，腾讯2014年4月上线的企业级产品营销QQ打通了微信公众平台，企业用户能通过QQ与微信双终端同时与用户进行交流。腾讯营销QQ微信版增强了营销QQ客户端对微信公众号的后台管理，企业可同步管理QQ端与微信公众号的客户，可调用形象展示、用户沟通、营销互动、在线销售、跟踪分析等多项功能，如图1-8所示。

腾讯旗下企业级营销产品对接微信公众平台，从一个侧面反映了微信的公众号系统及逾7亿用户资源的巨大商业价值。移动营销是大势所趋，对个人和企业来说，微信公众号运营就是顺应市场潮流，抓住市场机会的最佳手段。

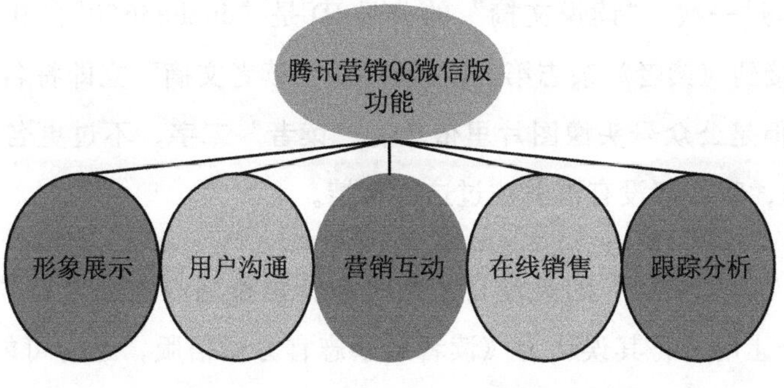

图 1-8　腾讯营销 QQ 微信版的五大功能

1.5　公平的运营环境

微信公众号有一个公平的运营环境，这种公平表现在两个方面：一是微信公众平台的管理非常严格，保护每一个公众号的版权不受侵犯，坚定执行抄袭处罚、违法及谣言整治措施；二是作为一个开放平台，微信公众平台的平台接口对大众开放，任何个人和组织都可以进行开发。

1.5.1　保护每一个公众号的版权

对于“读悦文摘”来说，2016 年 7 月 7 日是一个非常不幸的日子。尽管“读悦文摘”的粉丝已经超过 300 万人，但依然在没有通知其创始人的情况下被强制注销了。这个惩罚不是普通的封号，而是直接注销。

根据新榜监测到的微信数据显示，“读悦文摘”在被注销之前的一周新榜指数为 990 分，而且每天推送的文章阅读量都达到了 10 万次以上。2016 年 7 月初，新榜发布了 2016 年 6 月的微信公众号 500 强榜单，“读悦文摘”夺得文摘类公众号第一名，总排名为第 175 名。

原来，“读悦文摘”的公众号头像与《读者》杂志官方微信公众号的头像有一定的相似性，所以遭到了《读者》杂志的投诉。在此之前，“读悦文摘”

已经被投诉过一次。“读悦文摘”的公号ID是“duzhe3650”，其原名为“读者文摘”。接到《读者》杂志第一次投诉后，“读者文摘”立即将名字改为“读悦文摘”，但是公众号头像图片里依然有“读者”二字。不过更名之后的很长一段时间内，双方都没有再关注过这件事情。

而且，“读悦文摘”的关注自动回复和日常推送内容的末尾“读者文摘”四字可能会让用户将其误认为《读者》杂志官方微信版，这有可能是《读者》杂志向微信官方第二次投诉的最主要原因。

《微信公众平台服务协议》第五条用户行为规范中规定——“你不得利用微信公众账号或微信公众平台服务进行如下行为：提交、发布虚假信息，或冒充、利用他人名义的；侵害他人名誉权、肖像权、知识产权、商业秘密等合法权利的。”

《微信公众平台服务协议》第十一条也事先声明了处罚办法：“如果腾讯发现或收到他人投诉用户违反本协议约定的，腾讯有权不经通知随时对相关内容进行删除、屏蔽，并视行为情节对违规账号处以包括但不限于警告、删除部分或全部关注用户、限制或禁止使用部分或全部功能、账号封禁直至注销的处罚，并公告处理结果。”

“读悦文摘”被强制注销的案例在很大程度上表明了微信公众平台的公平和严格。一旦处罚变成事实，几乎就无法挽回，就算你事先的确不知道，面对结果也无力反抗。对于广大运营者来说，我们更应该吸取教训，保证严格规范地运营公众号。

“读悦文摘”是草根公众号中的杰出代表，其300万粉丝足以显示其功力不凡。在我们为其注销感到惋惜的同时，也应当看到公众号运营不规范的问题。2016年，公众号运营竞争愈发激烈，如何保证公众号平稳运营需要广大运营者深入思考。最后，我们提醒运营者注意三点，如图1-9所示。

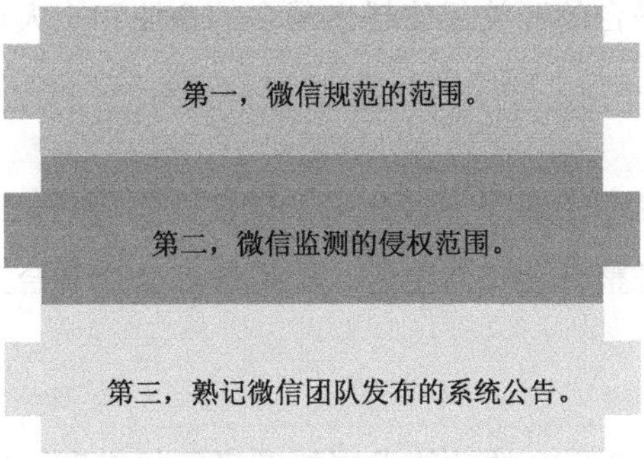

图 1-9　对运营者的三点提醒

第一，微信规范的范围。

微信相关规范涵盖的范围包括微信公众号的头像、名称、功能介绍、自动回复信息和回复的消息及公开推送的内容。

第二，微信监测的侵权范围。

微信对公众号侵权的监测范围包括文字、图片等知识版权、商标权、肖像权、名誉权和商誉权等。

第三，熟记微信团队发布的系统公告。

微信公众号的广大运营者需要熟记所有由微信团队发布的系统公告，包括《微信公众平台服务协议》《微信公众平台运营规范》及微信公众号后台系统公告等。运营者应当明白，微信官方决定不会因你不知道或不清楚规范而取消。

1.5.2　平台接口对大众开放

微信公众平台的开放没有选择性，对任何企业或个人开放。上海的微盟、杭州的微巴及口袋通等都是微信公众平台的第三方开发商。它们以微信公众平台为基础，提供多套模板和多个基础功能模块，为各个行业的企业提供全方位服务。微信公众平台的开放促使越来越多的企业和个人申请、使用微信公众平台。

从微信公众平台产生的那一天开始，微信就不再只是一个即时通信（IM）工具，腾讯的目的是整合社交与生活，让用户在公众平台上获取、经营更多的信息和内容。

最初，微信在公众平台的功能发展持有谨慎的态度，比如限制微信公众号只能每天推送一条信息就是为了避免垃圾信息数据的爆炸。后来，微信开始发力，通过更新公众平台提供了更多的功能和开放接口。这次公众平台更新的内容包括：全新的认证体系，提供服务号的认证标示；开放众多功能接口，认证之后可使用高级接口；开发者问答平台系统，提供开发者交流；改版界面，让用户使用更方便。

对微信公众平台来说，这次更新最大的改变就是开放接口。本次新开放的接口包括客服接口、语音识别、网页授权、多项带参数二维码、地理位置、获取用户基本信息、为用户分组、关注者列表等。

这些接口的开放为微信公众平台创造了更多的可能性，单单是网页授权这一项功能就使那些与微信结合的相关服务数量达到了新浪微博的级别；语音识别则可以提供语音与文字转换功能；获取用户的基本信息、地理位置则会让众多企业欣喜若狂，数据型服务会迫不及待地加入到微信公众平台中来。

官方开放的态度使微信平台发展更迅速，很多优秀的开发者纷纷加入其中，贡献自己的力量，提供各式各样的工具和插件，这为公众号运营提供了便利条件。原来一个团队或一个公司才能做成的事，现在一个人就能完成。

微信公众平台完成更新后，百度也宣布开放了语音服务接口并称即将开放面部识别功能，让人不由得联想到两大平台是否正在暗地里较量。

1.5.3　小米微信公众号开发专属后台

小米微信公众号运营团队是微信公众平台开放接口的受益者。微信公众平台自带的后台功能比较简单，没有搜索功能，这为小米从众多粉丝中搜索出一个特定粉丝带来了难度。为此，小米自己开发了一套专属后台。

小米自己开发的后台不仅清晰、容易管理，还可以设置人工回复关键字、回复范本、支持搜索功能、加强用户管理等。小米微信公众号粉丝的留言都被抓取到专属后台，进行处理。当然这种自动回复的模式并不能满足上百万粉丝的需求，因为粉丝们的留言千奇百怪，有很多都不在自动回复的范围之内，不能给粉丝一个满意的结果，这时，小米的微信客服就发挥了重要作用。

值得一提的是，小米自己开发的微信公众号后台需要得到微信官方更高的 API 接口权限。而小米副总裁黎万强通过和微信的谈判获得了这个较高权限的接口。“小米微信的这个独立的 CRM 接口，可以对用户进行信息读取，可以进行事件推送，这是其他企业所没有的。”黎万强如是说。

微信营销专家管鹏指出：“这一接口让小米可以截留一些用户的行为数据，让用户数据可以截留在本地的服务器里面，并对其进行分析，而其他大部分企业账号没有这么高的权限。这一权限对于小米进行用户行为数据的分析至关重要，可以让小米的微信有针对性地改进服务。”

获得这一独立 CRM 接口后，小米实现了对上百万粉丝进行分级、分组管理，并根据不同的属性把他们区分开，比如哪些粉丝是小米用户，哪些是潜在用户。这项工作具有一定难度，因此小米举办了各种活动分析粉丝们的行为轨迹，例如购买记录等。小米根据分析了解到，上百万粉丝中有 60% 以上都是小米用户及米粉，他们对小米品牌的忠诚度很高。

黎万强表示，微信公众号运营使小米的营销、客户关系管理成本开始降低。比如，小米以前做活动通常会群发短信，100 万条短信就需要 4 万元的成本。

一年下来，短信费就是一笔很大的开销。而有了100万微信粉丝就不需要再发短信，节省了很多成本。可以说，小米的微信公众号最大的作用就是活跃用户，而不是销售。在微信公众号运营上，小米还在摸索，在未来几年内，小米的微信公众号将会有更加丰富的功能。

对各企业来说，小米的微信公众号运营案例是一个榜样，即把微信当作企业服务、营销的重要环节，通过开发符合企业自身特性的微信公众后台运营客户。

1.6 微信公众平台将成独立APP

上面的内容讲述了微信公众号运营的五大优势，这些巨大的优势让微信公众平台成为众人关注的焦点。2016年5月10日晚，微信宣布微信公众平台iPhone版的内测正式开始，再一次引发业界轰动。

据参与内测的公众号运营者透露，内测版本的功能与PC端公众平台的功能相差无几。截至2016年7月10日，内测还没有结束，不过可以确定的是，内测结束后，微信公众平台iPhone版将从微信独立出来，以APP的形式存在。对于这一改变，我们无法得知这是腾讯的一项战略布局，还是时代推动下的必然选择。但是微信公众平台自我发展的道路究竟可以走到哪一步，时间会给出最好的答案。

1.6.1 微信已经分离出的四大独立APP

截至2016年9月，从微信独立出来的应用共有四款，包括微信电话本、微信读书、企业微信、微信公众平台iPhone版，如图1-10所示。作为一个超级APP，微信为什么要把这些功能独立出来发展成APP？为什么只有这四个功能先独立存在呢？接下来，我们一起来分析这些问题。

图 1-10　微信已经分离出的四大独立 APP

1. 布局 VOIP 网络通话业务：微信电话本

微信于 2014 年 11 月 11 日推出微信电话本 APP，主打功能是可拨打免费网络电话，还有导入微信头像、自动备份联系人、批量删除联系人及群发短信等功能。当时，微信正在和三大电信运营商争夺用户，由于微信用户基数大，如果微信直接在内部推出免费通话业务，将直接触动电信运营商的利益，进一步刺激电信运营商的情绪。所以微信为了安抚电信运营商的情绪，选择默默推出微信电话本独立 APP，实现在 VOIP 网络通话业务领域的提前布局。

2. 付费模式：微信读书

2015 年 8 月 27 日，微信读书 iOS 版独立 APP 在苹果应用商店正式上线，主要为用户提供在线付费书籍，付费方式以在线点击付费为主。微信读书 APP 的最大特色就是引入了微信关系链，加入了社交互动元素，打造从“人找书”到“书找人”再到“人找人”的数字阅读世界。由于国内用户端为内容付费的习惯还没有建立起来，版权意识差，因此微信选择用独立 APP 的形式培养用户为内容付费的习惯和版权保护意识。

3. 为用户减负：企业微信

2016 年 4 月 26 日，微信正式推出企业微信 APP，旨在帮助用户把工作与生活适当分开，避免太大的工作压力。而且，微信官方明确表示企业微信是免费的。

企业微信的本质就是以沟通交流为基础的即时通信工具，而微信本身也是一款社交应用。如果将企业微信叠加进微信里，不仅会使微信变重，而且也在无形中隐藏了企业微信的入口。同时，微信和阿里巴巴集团旗下钉钉的竞争日益激烈，企业微信独立 APP 推出之后，既可以为微信减负，还能让用户获得真正一站式的办公体验，而且企业微信也能自由尝试各种功能开发，直面对手的竞争。

4．移动化体验：微信公众平台 iPhone 版

2016 年 5 月 10 日，微信公众平台 iPhone 版正式开启内测。在此之前，公众号运营者只能通过 PC 端进行图文编辑、预览、发布内容。微信公众平台独立 APP 推出之后，运营者使用手机就能对相关图文进行设置，满足了移动时代运营者的需求。

综上所述，微信任何一个功能推出独立 APP 都是有其深层次原因与目的的。微信因其庞大的用户群和超级黏性不同于其他任何应用，在其他应用为了吸引流量不停做加法的时候，微信已经开始做减法。这一点，从微信分离出的四大独立 APP 就可见一斑。

1.6.2 微信公众平台对移动 APP 的变革

随着微信公众平台开放的 API 越来越丰富，加之微信公众平台即将成为独立 APP，其服务号功能对 APP 的替代趋势也更加明显。这种趋势显示了微信公众平台对移动 APP 的变革力量，这股力量将形成势不可当的浪潮，取代大部分 APP 和手机网站。微信公众平台颠覆移动 APP 的主要优势有两个。

第一，系统开发和维护成本低，无须跨平台。

微信公众平台是一个统一后台，具有图文编辑、信息发布等功能，可以将其看作一个小型的 CMS 内容管理系统。企业只需要一次定制性开发，无须跨平台就完成了前期开发工作。而移动 APP 的开发和维护则相当复杂。如果只

是开发一个简单的 Android 客户端，企业需要考虑到不同的分辨率适配，开发成本不会低于两万元。如果是开发 iPhone 客户端，价格会更高。一般，做一个普通的 Android+iPhone 应用，需要近 10 万元的成本费用，再考虑到系统的维护和更新，成本会更高。

第二，海量用户构建在社交、营销方面具有天然优势。

微信具有上亿用户，这为微信公众平台提供了天然的社交和营销优势。大部分 APP 难以有这样的规模和用户群，再加上 APP 做好之后还需要进行推广和分发，因此未来企业将会选择微信公众平台作为营销的第一阵地。

2

微信公众号四大模式

2.1 自媒体模式

2.2 垂直卖货销售模式

2.3 品牌营销模式

2.4 客户关系维护模式

2.5 为什么"papi 酱"火了，你的自媒体却不死不活本章我们主要了解微信公众号的四种模式：一是以内容为中心的自媒体模式；二是垂直卖货销售模式；三是品牌营销模式；四是客户关系维护模式。公众号模式直接影响公众号应该怎样运营，因此，运营者要先搞清楚四种模式的异同，然后才能选择适合自己的模式。

2.1　自媒体模式

微信公众号的自媒体模式通过为粉丝提供有价值的内容达到一定影响力。当前比较流行的自媒体平台除了微信公众号以外，还有 QQ 空间和微博，搜狐自媒体及一些社交网站也有自媒体人入驻。

2.1.1　以内容为中心

美国新闻学会媒体中心曾经发布由谢因·波曼（Shein Bowman）与克里斯·威理斯（Chris Willis）两位专家联合提出的“We Media（自媒体）”研究报告，报告对自媒体的定义非常严谨：“自媒体是普通大众将互联网数据与现有知识体系相连之后，一种自发地提供或分享自身的经历、事实或者新闻的途径。”

这种解释比较难理解，简单来说就是用户发布自己所见所闻、所感所想的载体，比如微博、微信、论坛等网络社区。自媒体发布的内容并没有限制，这是非常特别的一点。自媒体人想写什么就写什么，只要有价值的内容都可以分享出来，就算有时分享出来的观点比较与众不同，也会受到粉丝追捧。

所以，一些优秀的自媒体文章非常有趣，让粉丝像看野史一样看得津津有味。最后，粉丝留下的最深刻的印象就是自媒体人的独特个性。由此可见，内容是自媒体运营者的核心。自媒体人传播自己的信息、价值和理念依靠的是内容，而文字、图片、音频、视频等介质均为载体。以微信公众号为例，自媒体内容的来源一般有三个方面。

1．分享自己的经验和兴趣

自媒体人应当从自己最熟悉、最专业的领域入手创作内容。在自己擅长的领域，自媒体人已经积累了一定的经验，即便还没有步入社会的大学生对自己的专业知识的了解也比社会上的大部分人多。比如，学装饰设计的学生可以把一些建筑装饰设计方面的小知识，结合自己的专业，分享给大家，很多对装饰设计感兴趣的人都会看。只要这位学生持续地分享自己的经验与兴趣，就能建立起一个自媒体，造就自己的影响力磁场。

而对于一些已经工作的自媒体人，相关资源就更多了。你所从事的行业，或有志于从事哪个行业，都是可以写的内容，除非你没有用心去研究这个行业。

2．分享自己对社会热点的看法或者分析

在各个领域内，每天都会发生一些新闻，成为众人关注的热点。现在是思想多元化的时代，对于同一件事，不同的人会有不同的看法。不管是赞成，还是反对，或是补充，只要有自己的态度，就可以将这个态度扩展开来，创作一篇文章。

如果你对该社会热点问题了解得很透彻，有深入的见解，就可以创作一篇评测分析文章，吸引更多的粉丝。如果你每天都能发表一个有独到见解的原创文章，就能形成一种独特的评论风格，有希望成为一名知名评论员。

比如某位做过电商的自媒体人看到拍拍微店即将上线的新闻，便写了一篇对比微店功能与淘宝功能的文章，发布在自己的公众号上，获得了高点击率。针对行业内热点事件发表评论，这样的题材非常容易找到。自媒体人只要留心挖掘，就可以找到大量的可以创作的内容。

3．从其他业内人士的文章得到灵感

很多业内人士每天都会发布自己的文章，传达自己的观点。如果你看到业

内人士发表的一篇文章，对其有不同看法，或者有一些想要补充说明的内容，就可以借机写一篇文章。当然，从业内人士的文章得到灵感，不是抄袭，而是根据别人的文章创作自己的内容。

2.1.2　中国第一自媒体——罗辑思维

知名自媒体人罗振宇运营的公众号“罗辑思维”，依靠巨大的影响力被公认为“中国第一自媒体”。“罗辑思维”以其互动方式多样化而广受关注，互动形式包括知识类脱口秀视频、音频、微商城、百度贴吧等。它主要以“80 后”、“90 后”这类有“爱智求真”强烈需求的社群为服务对象。

“罗辑思维”公众号以“有趣、有料、有种”为口号，倡导以独立、理性的思维方式思考问题，推崇以自由主义和互联网结合的思维，凝集阳光向上、爱智求真、人格健全、拼搏上进的年轻人。

“罗辑思维”微信公众号于 2012 年年底正式上线，只用了 8 个月的时间，就吸引了 50 万的粉丝。2013 年 8 月，“罗辑思维”推出了微信会员收费制度，短短 6 个小时，5500 名会员的名额就被抢光，创收 160 万元，开创了微信营销的神话。截至 2016 年 7 月，“罗辑思维”公众号的粉丝已经达到 660 万。“罗辑思维”是怎么成功的呢？其原因如图 2-2 所示。

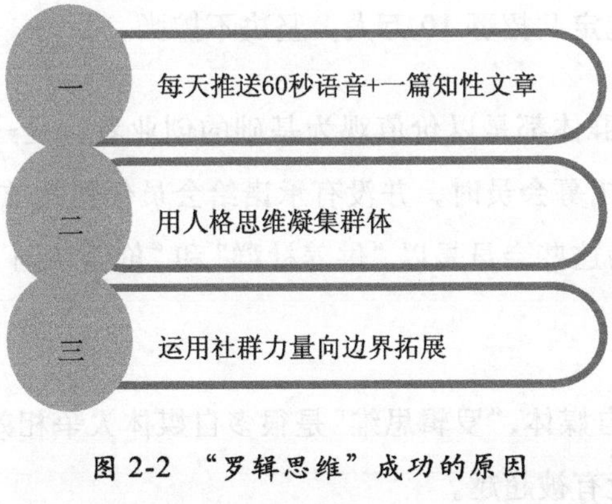

图 2-2　“罗辑思维”成功的原因

1．每天推送 60 秒语音 + 一篇知性文章

“罗辑思维”公众号每天都会推送一段罗振宇亲自录制的 60 秒语音，时间永远不多不少，而且非常完整。语音一般都是向粉丝分享其生活感悟的内容，同时罗振宇还会推荐一篇自己认为比较优秀的知性文章。“罗辑思维”公众号以伴随粉丝成长的姿态，启发粉丝对生活的感知和思考，受到了广大粉丝的推崇。

2．用人格思维凝集群体

在移动互联网时代，连接成本急速降低，任何人都能够成为一个具有高连接力的交汇点，个人的价值回归将越来越快。在众多创新领域，人格魅力将赢过庞大的传统组织。在工业社会，人与人之间是通过物的载体连接在一起，而移动互联网社会是以人为媒介来连接的。创新思维一定是从物化和外在的东西，再一次回归到人这一层面进行思维。

因此，“罗辑思维”公众号一直强调 U 盘化生存：“自身携带信息，没有系统，随时可以进行插拔，协作自由”。

3．运用社群力量向边界拓展

不同于其他互联网、自媒体产品的是，“罗辑思维”不但拥有数百万粉丝，而且还建立了一个由万人组成的付费会员社群。目前，该社群已经是“罗辑思维”向边界不断拓展事业的核心力量。会员的招募，一年只开放一次，而且“罗辑思维”明文规定共招募 10 万人，坚决不扩张。

该社群的会员群体都是以价值观为基础的创业者，是一个知识社群群体。每次“罗辑思维”招募会员时，并没有承诺给会员任何物质回报权益，但仍能吸引很多会员，因为这些会员是以“供养社群”和“价值认同”的想法来支持“罗辑思维”的。

作为中国第一自媒体，“罗辑思维”是很多自媒体人争相效仿的榜样。然而，“罗辑思维”始终没有被超越。

2.2　垂直卖货销售模式

微信公众号垂直卖货销售模式做好了就是移动端的淘宝和天猫。用户可以通过自动化引导消费的模式形成自动化营销，商家只需要做好引导的图文和微店对接，就可以形成引导式消费。消费及 O2O 预约预定模式都可以通过微店对接微信公众号实现，下面我们一起来看看这种模式是如何运营的。

2.2.1　公众号推广 + 个人微信号强化 + 微店卖货

微信公众号垂直卖货销售的原理是关系链营销，运营者如果用好了关系链营销就可以把这一模式做得如鱼得水。关系链分为强关系链和弱关系链，要想实现粉丝经济，就必须把弱关系链变成强关系链，这样才能不断达成交易。

与微信朋友圈相比，公众号的关系链较弱，所以运营者应当把公众号和个人微信号结合起来使用。当运营者使用公众号推广产品的时候可以附带自己的私人微信号，粉丝如果有不清楚的地方可以添加个人微信号询问了解。

微信公众号如何销售产品呢？微商城是一个不错的工具，至于选择哪一个微店平台，运营者可以根据自己的喜好进行选择，毕竟各大微店平台的功能都是相似的。运营者只需要确保选择的微商城可以持续经营、支持移动端卖货、收款，并且能够与微信结合起来使用即可。综上所述，微信公众号垂直卖货销售模式为：公众号推广 + 个人微信号强化 + 微店卖货。

确定上述的公众号卖货公式以后，最重要的就是选择销售什么产品。简单来讲，运营者需要聚焦到非常细分的行业，打造一款具有格调、用户体验极佳的产品。比如男人袜的细分、三只松鼠产品的用户体验。除此之外，无印良品“简约之美是绝对超越奢华之美”的设计理念和产品理念也非常棒。

2.2.2　一位妈妈通过公众号卖产品，月入 400 万元

“暖暖妈爱分享”是一个育儿类公众号，其原创文章覆盖科学育儿、亲子旅

行、剁手推荐等内容，是很多准妈妈和妈妈群体育儿路上的温暖陪伴。其运营者暖暖妈是北大硕士毕业，曾经担任世界顶级咨询公司的咨询顾问。暖暖妈通过分享自己的育儿经历拉近了与粉丝之间的距离，在妈妈群体中享有很高的知名度。

“暖暖妈爱分享”公众号起源于微博陈小暖成长记。暖暖妈于 2012 年 6 月注册微博账号，开始通过微博记录女儿陈小暖成长的点点滴滴。与此同时，暖暖妈用文字图片的方式将自己成功实践的育儿经验分享出来，并因此在微博上积累了一部分忠实的妈妈粉丝。

暖暖妈于 2015 年开始正式运营微信公众号，并通过微博导入第一批公众号粉丝。截至 2016 年 7 月，经过一年多的运营，“暖暖妈爱分享”已经积累了上百万妈妈粉。下面，我们从内容推送及盈利方式两个方面看看“暖暖妈爱分享”的运营过程。

第一，内容推送。

“暖暖妈爱分享”每天推送 1～3 篇文章，其中头条主要是原创育儿文章，第二条和第三条为软文或者纯粹的商品信息。一般，其头条阅读量都可以在 10 万次以上，点赞量在 200 次左右，评论在 50 条左右。图 2-3 所示是新榜上关于“暖暖妈爱分享”的文章数据。

“暖暖妈爱分享”的厉害之处在于无论是原创内容还是广告软文，其粉丝都非常乐于与之互动，众多评论让人不得不叹服它的人气之高。

第二，盈利方式。

“暖暖妈爱分享”并不经常推送软文广告，而且还会标注“推广”二字。其盈利方式主要是自己售卖商品，每周固定举办团购活动。一般情况下，“暖暖妈爱分享”会在每周三晚上九点半准时开团，并在每周二推送团购商品的预告信息预热。

图 2-3　新榜上关于“暖暖妈爱分享”的文章数据

从“暖暖妈爱分享”的团购文章来看，妈妈粉丝群对其推送的团购商品充满了期待，如果抢不到会非常失望。每次推送的团购商品有 1～3 种，客单价一般都在 100 元以上，每次团购销售额超过 100 万元。假如客单价为 150 元，那么产生 6666 单，也就是可能有 6666 人购买。

一次团购销售额为 100 万元，一个月的销售额就在 400 万元左右，而且还不需要对外宣传推广就能轻易达到。看到这里，很多人都会羡慕不已。那么，“暖暖妈爱分享”为何能运营得如此成功呢？其原因如图 2-4 所示。

首先，“暖暖妈爱分享”的个人标签浓厚，相当于一个网红。暖暖妈善于经营粉丝，通过与粉丝的互动使内容和活动双向传递。

其次，运营者是一个乐于分享的人。暖暖妈将自己育儿的心得体会分享出来让人感觉非常真实，很容易引起粉丝共鸣，形成转发分享。虽然很多公众号也经常转发复制文章，但却无法达到这种效果。

最后，商品质量好，目标群体定位明确。

“暖暖妈爱分享”推送的商品质量都非常好，尽管价格也比较高，但是依然受到妈妈群体的欢迎。妈妈群体是比较特殊的群体，她们为小孩买产品重视质量而不在意价格高低，只要商品质量好，就愿意花钱。

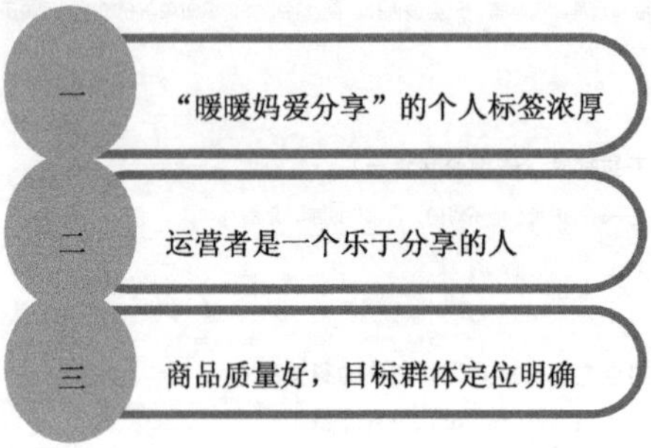

图 2-4 “暖暖妈爱分享”运营成功的原因

基于以上三个因素，“暖暖妈爱分享”公众号在妈妈群体中形成了一定知名度，并通过口碑传播不断积累人气，自然而然地就达到了月入 400 万元的目标。

2.3 品牌营销模式

腾讯打造微信公众号的主要目的就是帮助企业宣传自己的品牌。“再小的个体也有品牌”的商业口号直击中小企业家的心底。所有的品牌都想成为众人皆知的大品牌，而微信公众号给企业家们带来了新希望。

2.3.1 大企业的宣传窗口和宣传触点

事实上，微信公众号的品牌营销模式是适合大公司品牌运用的运营模式。微信公众号可以成为大公司宣传品牌的窗口，或制造舆论的通道。它们既不像“暖暖妈爱分享”一样通过微信公众号做销售，也不像南方航空一样做客户维护，它们仅仅将微信公众号与企业挂钩，使其成为品牌宣传触点，如麦当劳。

麦当劳于 1990 年入驻中国大陆，到 2015 年已经满 25 周年，在这具有纪念意义的一周年里，麦当劳在各个平台上都做足了营销功夫，在微信公众号上的推广营销更是一波接一波，而且取得了非常好的成绩。

麦当劳非常善于借势营销，这一特点在微信公众号上体现得淋漓尽致。比如，麦当劳经常与当下热门电影、热门节目合作，不论是 2015 年年末圣诞节做的“玩转姜饼人，圣诞新吃法”营销活动，还是携手热映电影《史努比：花生大电影》推出的“黑白配”新品系列营销活动，其借势营销都取得了显著效果。

除此之外，麦当劳在微信公众号上发起的营销活动还经常使用“谐音”玩法。比如 2016 年年初的“好事会花生——花生甜筒”，就是使用谐音宣传推广新品的。还有一点麦当劳做得非常好，其微信公众号运营团队擅长使用 GIF 动图和鲜艳大胆的色彩来宣传新品和活动，这种设计风格非常诱人，比如麦辣鸡腿堡的动图宣传。麦当劳在 2015 年成功利用微信公众号的品牌营销模式做了大量新奇活泼的活动，吸引了无数年轻人参与其中。

用微信公众平台做品牌宣传已成为众多企业的选择。作为企业品牌宣传大旗，微信公众号运营的好坏与企业的经营状况息息相关。如何在运营好企业微信公众号的同时，打造良好的品牌形象？如图 2-5 所示。

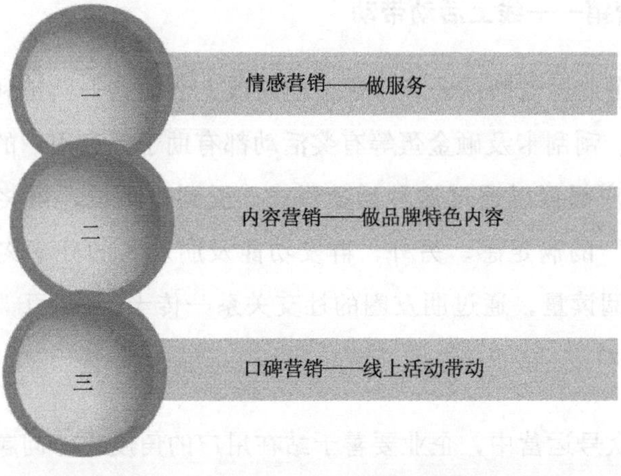

图 2-5　做好微信公众号品牌营销的方法

1．情感营销——做服务

所谓“情感营销”是指为用户提供优质的服务，获得用户的信赖，然后通过与用户互动建立朋友一样的关系，最终达到“提出问题—解决问题”的良性循环，从而由服务带动盈利。也就是说，要想把微信公众号真正运营好，最重要的就是做好服务。良好的用户服务是打造朋友一样的用户关系的必要途径。这种营销方式有利于品牌传播和商业价值走得更加长远。

2．内容营销——做品牌特色内容

市场调查公司 Smart Insights 关于数字营销工具的调查结果显示，近 30% 的受访者认为他们会把内容当成最重要的数字营销工具，而大数据、营销自动化及移动营销都在内容营销之后。由此可见，内容营销已经成为当下的流行趋势，得到企业与用户的共同关注。

想象一下，如果你的官方微信公众号每天都发送一些重复的促销信息，或从各大网站粘贴复制过来的信息，那么用户可能会因感到非常无趣而取消关注。不断发展的科学技术在一定程度上导致了内容同质化问题愈加严重，如果企业想要做好品牌宣传，就应当有自己的特色内容。而这些吸引用户的内容，需要企业下功夫去创作。

3．口碑营销——线上活动带动

几乎所有企业运营微信公众号都会使用线上活动这一营销利器，比如幸运大转盘、抽奖、刮刮卡及砸金蛋等有奖活动都有助于提高用户的参与性。无论奖品大小，用户都可以通过这种活动形式感受到被重视，得奖的用户还会有成为“幸运儿”的满足感。另外，群发功能及朋友圈的分享奖励机制还可以有效提高图文阅读量，通过朋友圈的社交关系一传十，十传百，有效带动口碑营销。

在微信公众号运营中，企业要善于站在用户的角度思考问题。有价值的内容与良好的服务可以共同发挥作用，让用户感受到品牌的重大价值。想用户所想，满足用户所需就能真正运营好微信公众号，达到品牌宣传的目的。

2.3.2　可口可乐用微信公众号讲故事

微信公众号让社会化营销火爆了起来，在微信营销的狂欢中，当然少不了最会讲故事的品牌——可口可乐。

可口可乐利用微信公众号做营销的显著特征就是栏目化。可口可乐的众多栏目几乎囊括了生活的方方面面，如美食、电影和科技等，这种定位让可口可乐的官方微信公众号不只是与品牌营销有关。

2015 年年初，可口可乐微信公众号在菜单中加入微信表情栏目，这一创举为其吸引了上万粉丝，引领了微信公众号微信表情营销的潮流。事实上，除了参加天猫发起的跨界营销活动之外，可口可乐在微信公众号上开展的营销活动走的都是体现企业社会文化的路线。例如，以水资源保护和奥运火炬手征集等社会话题为题开展微信营销，有利于体现品牌价值、维护品牌形象。在里约奥运火炬手选拔期间，每一位朋友都可以通过扫描可口可乐的微信二维码参加里约奥运会火炬手选拔。

2015 年，天猫为各大品牌微信公众号跨界合作而主办的跨界营销活动牢牢地抓住了观众的眼球。以年轻人为主的网购一族们很容易就被天猫与众不同的宣传方式所吸引，从而点击进入网站去查询新活动，由此扩大宣传力度，带动销量增长。其中，可口可乐、星巴克、新百伦都榜上有名。可口可乐与之合作的“攻占朋友圈”活动反响非常好，为可口可乐带来了上千名品牌关注者。另外，天猫与星巴克合作的“星巴克天猫旗舰店”和新百伦一起带来的“青春的回忆”都取得了不错的宣传效果。

用微信公众号做品牌营销需要注意一点，如果原有品牌的产品同质化、卖点不突出，那么可以通过微信公众号进行调整、改进、更新。至于如何通过品牌符号打动用户的视觉、听觉，就需要一个运营者寻找一个品牌创意。

2.4 客户关系维护模式

业内人士普遍认为，微信公众平台天生具有客户管理系统的基因，然而很少有企业真正以微信公众号为平台构建客户管理系统。随着微信公众平台功能的丰富及开放接口的增多，微信公众号客户管理系统与企业的距离越来越小。作为企业的客户管理系统，微信公众号的运营模式就是客户关系维护模式。

2.4.1 实体企业的客户管理系统

当全网营销的品牌触点落地于微信公众号，微信公众号便成为了企业数据库营销的主战场。这种应用尤其表现在实体企业的公众号运营上，例如美容美发场所、酒店、KTV 等。一般，实体企业会通过会员形式结合微信公众号运营来操作，将所有的广告投放通过微信号或者二维码的形式连接到微信公众平台。

微信公众号客户管理系统的本质是利用微信公众平台的特点和开放接口扩展企业的客户管理系统。实体企业在开发微信公众号客户管理系统之前需要明确业务架构。在确定微信公众号客户管理系统的业务架构后，企业就可以进一步设计具体的数据模型及功能模块对接开放接口。图 2-6 所示为微信公众号客户管理系统的六大模块。

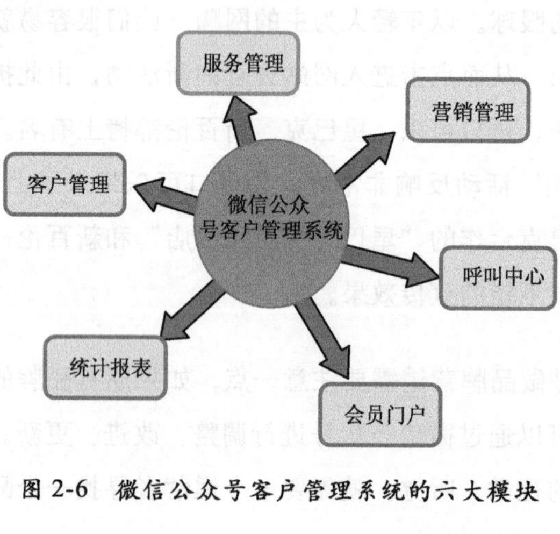

图 2-6 微信公众号客户管理系统的六大模块

1. 客户管理

客户管理模块是微信公众号客户管理系统的基础模块，包括客户信息、客户分类、客户沟通关怀和客户生命周期管理模块。

客户信息管理包括对客户信息档案、客户位置信息关注时间和取消关注时间的管理；客户分类管理可以实现公众号粉丝分组与微信公众号客户管理系统的分组同步；客户分类后的目标列表是提供差异化服务，进行客户沟通关怀的基础；客户生命周期管理基于客户信息及当前的互动情况建立一个粉丝的生命周期管理。

2. 服务管理

微信不是营销，重在服务。事实上，微信的交互性确实非常适合做客户服务，尤其是微信公众号的客户服务接口开通后。

最初，企业通过接收用户消息和向用户回复消息接口实现与客户的交互，但是 6 秒的限制使很多客户服务根本没办法完成。因此，客户服务接口出现了，企业可以实现 24 小时内回复，轻松应对对客户微信请求的响应和答复。另外，客户服务管理模块还可以实现客户的多触发机制，让客户通过自定义菜单、消息等各种方式随时发起微信请求。

3. 营销管理

对于微信公众号客户管理系统来说，精准营销和个性化营销是优化方向之一。因此，企业需要用心设计营销管理模块，吸引客户主动触发的拉式营销是比较优良的方法。从这个角度来说，企业应该限制基于消息模板单发消息接口及批量群发营销，鼓励一对一的客户事件触发的下行模板消息。比如，客户关注订阅公众号事件触发最新优惠活动的下行消息，或者点击相关活动菜单进入营销活动页面或链接等。

4. 呼叫中心

呼叫中心是从客户服务模块独立出来的，之所以单独讲解呼叫中心是因为它是微信公众号客户管理系统的重要部分，而且业态特殊、独成一体。呼叫中心的特殊设计应当既可以用在客户服务上，又可以用在销售外呼上，甚至还可以进行营销活动的预热或者邀约等。呼叫中心模块的业务设计并不困难，难的是微信客服座席的运营管理。比如微信座席是与传统座席混排还是独立排？这直接涉及呼叫中心模块的设计。

5. 会员门户

微信公众号客户管理系统的会员门户模块可以对接 H5（HTML5）的会员掌上门户网页，形成 H5 会员门户 + 微信公众号客户管理系统的完整管理体系。以此类推，企业还可以使用 Oauth2.0 授权接口 +H5 实现企业的掌上网站、企业门户、办公自动化等其他微信门户。陈坤的微信公众号就实现了会员微信门户，用到的功能主要是 Oauth2.0 授权接口，实现了网页上获取信息等动作。

6. 统计报表

微信公众号客户管理系统的统计报表管理模块是必不可少的。由于微信公众平台开放的接口没有涉及数据方面，所以运营者需要自己想办法。首先，运营者可以通过客户关注、取消关注等数据，统计用户的新增、流失数据对比分析；其次，运营者可以基于客户交互时间、方向等数据，进行微信交互数据的统计分析；最后，运营者还可以在市场活动中对微信公众号客户管理系统的效果进行跟踪、管理，形成市场活动的效果响应统计分析。

2.4.2 海底捞搭上微信公众号“客船”

如果你喜欢吃火锅，一定对海底捞非常熟悉。作为早就成名的火锅品牌，海底捞在移动互联网时代积极应对变革，成为首批使用微信公众号进行客户关系管理的企业之一。

俗话说 ：“民以食为天”。无论在哪个国家，食品行业都是传统但是生命力持久的吸金产业。然而，很多餐饮企业都因为经营管理不利而在竞争潮流中湮灭。在这个快速发展的社会，营销模式也必须不断升级。只有不断使用新的营销方式才能跟上时代发展的步伐，增强企业的竞争力。

作为国内餐饮连锁店中口碑较好的连锁店，海底捞很早就采用 O2O 营销了。通过微博运营，海底捞快速积累起一大批粉丝。为了加强客户关系管理和维护，海底捞在 2014 年 1 月正式推出微信公众号。海底捞微信公众号通过维护每一位客户，有效促进了微信线下支付，微信粉丝也越来越多。

在海底捞用餐，客户唯一感到体验不好的就是埋单时需要排很长的队。而海底捞微信公众号上的在线微支付让结账变快，减少了排队时间和现金管理风险。通过在线微支付功能，客户只需要扫描二维码就能支付成功，非常方便简单。多数情况下，客户还可以通过微信支付获得 10 元的折扣。2015 年 1 月到 3 月两个月的时间里，海底捞的微信订单为 31491 单，占线上订单的 63%，而使用微信支付的有 3446 单，占线上支付的 60%。

截至 2016 年，微信公众号已经成为海底捞获取线上订单的主要来源，微信支付也成为海底捞重要的结算方式之一。

海底捞的微信公众号为客户提供了丰富的平台内容及个性化服务。客户关注了海底捞后，海底捞的公众号系统就会询问客户是否使用当前实时位置。定位功能有助于海底捞根据此客户的地区发送差异化信息，提供更个性化的服务。海底捞的微信公众号平台分为三个板块，如图 2-7 所示。其推送信息保持一周一次的频率，有助于维持新鲜感。截至 2016 年 7 月，海底捞已经发表了上百条微信文章，平均阅读量超过 5 万次，点赞量超过 1000 次。

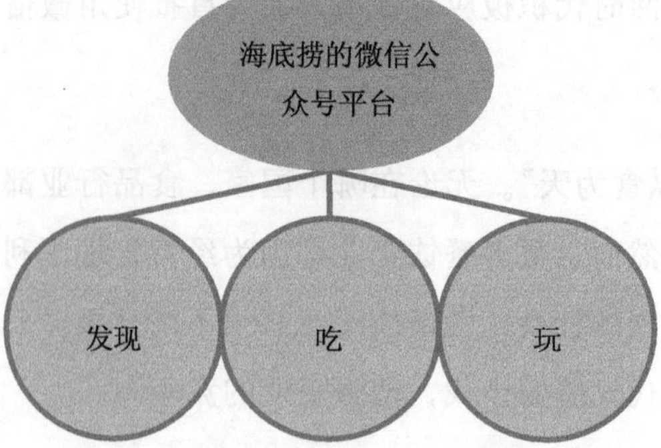

图 2-7　海底捞的微信公众号平台的三个板块

我们大概了解了微信公众号运营的四大模式。其中，自媒体模式是最火爆的，客户关系维护模式仍处于初步发展阶段，具有很大的后续爆发潜力。

2.5　为什么“papi 酱”火了，你的自媒体却不死不活

2016 年伊始，一个名为“papi 酱”的网红刷爆网络，被网友称为“2016 年第一网红”。“papi 酱”是如何让众人为之倾倒的，资本市场的反应如何？这些问题让很多自媒体人困扰不已。下面，我们为大家进行深度揭秘。

2.5.1　短视频内容成自媒体绝招

“papi 酱”原名为姜逸磊，出生于 1987 年，上海人，中央戏剧学院导演系本科及研究生毕业。

在成为网红之前，“papi 酱”就非常喜欢录制恶搞吐槽视频。2015 年 7 月，“papi 酱”将自己录制的各种恶搞吐槽视频发布在微博上；2015 年 8 月，“papi 酱”开始将录制的一系列秒拍视频发布在微博上，语言包括东北话、上海话、台湾腔等；2015 年 10 月，“papi 酱”开始尝试短视频原创内容，将自己录制的视频素材通过变声加速处理发布在微博和微信公众号上，从此人气一路飙涨，在不到两个月的时间里迅速累积上百万粉丝。

其中，《上海话 + 英语，大妈指数提升 58 百分点！》播放量超过 830 万次；《像台湾人一样说东北话》播放量达 400 万次。之后，“papi 酱”又推出了《上海话 + 英语》《台湾人说东北话》《男性生存法则》的系列短视频。

2016 年年初，“papi 酱”的微博粉丝量迅速突破 400 万，截至 2016 年 7 月，其微博粉丝量已经超过 1640 万人，同时有 10 万以上的二次元粉丝在 B 站关注着她。在微信公众号上，“papi 酱”的每一次内容更新都突破 10 万次的点击率，在 2016 年网红排行榜上，排名第一。

虽然“papi 酱”只是众多网红中的一个，但是如果把她单纯看作一个网红现象来看，那就太局限了。“papi 酱”的短视频具有鲜明的个人品牌价值，这与内容生产者的不可复制性是一致的。而且“papi 酱”依靠录制短视频创业正是内容创业的形式之一，适应了时代的发展需求。

视频内容是自媒体的绝杀技，仅依靠图文已经很难满足粉丝的需求。与长视频拍摄成本高、技术要求高不同，短视频的拍摄成本很低，一个人就可以独立完成，不需要依赖团队。

而且，“papi 酱”所讲的内容幽默、搞笑，给观众带来了很多欢笑。深入地说就是“papi 酱”通过幽默、搞笑的内容展现了一种积极的生活方式，非常具有感染力。随着互联网时代的到来，人与人面对面沟通的机会越来越少，“无效社交”已经成为人与人交往最大的难题。而“papi 酱”利用互联网的传播精神，创造了病毒式传播效应。

2.5.2 注重多媒体平台分发

“papi 酱”最初决定做短视频的时候就已经确立了多媒体平台分发的策略，腾讯、优酷、爱奇艺、秒拍、美拍、小咖秀、A 站、B 站等各个平台全部覆盖，并且多渠道的内容分发最后都会回到微博与微信。《告诉你个秘密，“罗辑思维”是怎样做到一年一亿元的营业收入》中提到：“2016 年，今日头条、微博等几大内容平台将在未来一年之内对内容创业提供多维度的扶持，多平台发展是未来内容创业的必走之路。”下面，我们一起来看“papi 酱”使用的平台有哪些，如图 2-8 所示。

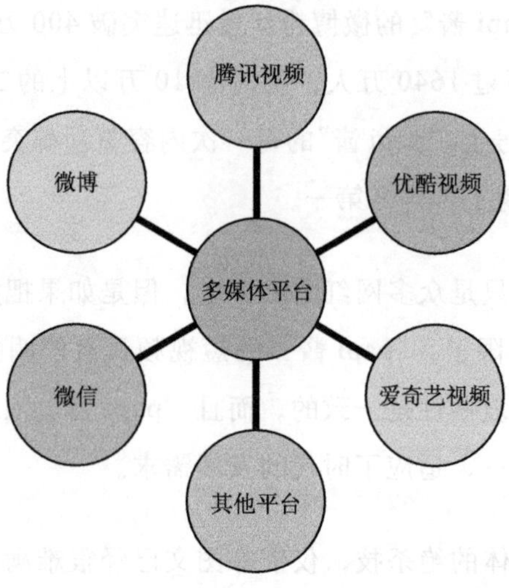

图 2-8 “papi 酱”使用的平台

1．微信

“papi 酱”的微信公众号（ID：dapapi）开通于 2015 年 9 月 26 日。根据新榜后台的数据统计，“papi 酱”的微信公众号粉丝在 2016 年年初就突破了 500 万人，截至 2016 年 7 月，其粉丝已突破 1000 万人。

2．微博

截至 2016 年 7 月，“papi 酱”的微博粉丝量已经超过 1640 万人。通过对其微博转发、评论、点赞数据的观察，其互动性一直都处于增长状态。有近 10 篇微博的互动性远远超过微博上其他搞笑类大号。

3．腾讯视频

截至 2016 年 7 月，“papi 酱”在腾讯视频上发布的视频超过 50 个，总播放量超过 1 亿次。新榜联合企鹅媒体平台、腾讯视频推出腾讯企鹅号视频自媒体排行榜，在2016年6月6日公布的第2期榜单中，“papi酱”拿下了腾讯视频自媒体排行榜的第一名。其播放量、作品质量、完播率、订阅粉丝数4项指标都远远高于其他自媒体。

4．优酷视频

“papi酱”在优酷共发布了30多个视频，总播放量达上千万次，优酷订阅粉丝达百万。

5．爱奇艺视频

“papi酱”在爱奇艺共发布视频40个左右，总播放量上百万次，订阅粉丝上万人。

6．其他平台

“papi酱”在秒拍发布视频60多个，粉丝200多万人，每个视频的播放量超过700万次；在美拍发布视频50个左右，关注粉丝约100万人；在小咖秀发布视频20个左右，粉丝上万人；在A站投稿视频不到10个，听众上万人；在B站投稿视频20个左右，粉丝10万人以上。

无论“papi酱”在哪个视频平台上发布视频，都会带上其微信公众号和微博账号。另外，“papi酱”在每个平台的个人介绍也都会留下微信和微博的信息，通过多视频平台内容分发向微信公众号和微博导流。

尽管“papi酱”的身影出现在各大平台，但是在各个平台的发展情况却是不一样的。比如，A站、B站的平台定位倾向于“二次元”文化，所以“papi酱”在这两个平台上的粉丝数量并不多，基本上都是“二次元粉”。当然，这两个平台也为“papi酱”的微信和微博导入一定粉丝。作为一款现象级产品，小咖秀具有一定的局限性。因此“papi酱”在这个平台也没有积累大量的粉丝。

那么，在多媒体平台分发策略中，自媒体人应当如何选择平台呢？答案如图2-9所示。

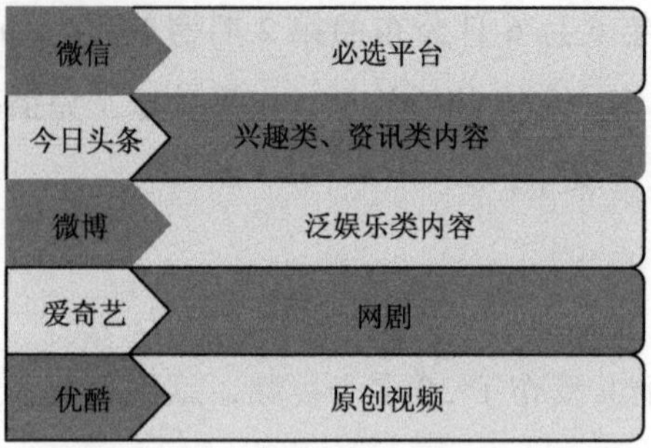

图 2-9　选择平台的方法

1. 微信

微信公众号是自媒体人宣传自己的必选平台。微信本身自带的巨大流量特征可以为自媒体人导入巨大流量。

2. 今日头条

今日头条适合推送兴趣类、资讯类内容，主要是“图文＋短视频”的形式。

3. 微博

微博适合推送泛娱乐类的内容，一般是“短视频＋图文”的形式。

4. 爱奇艺

爱奇艺适合推送网剧，擅长孵化 IP，一般是长视频的形式。

5. 优酷

优酷适合推送原创视频。优酷一直主打原创，包括音乐、游戏和搞笑视频等。作为中国版 YouTube，优酷最早是依靠一批原创视频起家的，主要是短视频形式。

无论是“2016 年第一网红‘papi 酱’”，还是“中国第一自媒体‘罗辑思维’”，两者在本质上并无差别。两者的产品都是内容，形式都为视频，渠道也同是视频网站、微信或微博等平台。另外，两者的品牌都具有典型的人格魅力。

关于“papi 酱”,罗振宇是这样说的:“我花了 3 年多时间,粉丝到 600 万人,‘papi 酱’你花了 4 个月时间粉丝 1000 万人,我每天甩脑浆,讲一个哲理故事,你每天网上刨几个段子掰几句。我们团队上百人，一年收入 2 亿元多，现在估值 13 亿元。你一个人，还啥也没开始卖，估值 3 亿元，你叫叔叔怎么能好好睡得着？”

2016 年 3 月，“papi 酱”获得了第一笔 1200 万元的投资，估值 3 亿元。这笔投资由真格基金、“罗辑思维”、光源资本和星图资本联合注资，显示出资本市场对“papi 酱”的青睐及高价值预期。“papi 酱”掀起的网红直播潮流还将持续多久，我们拭目以待。

3

微信公众号定位

3.1　你要解决什么需求

3.2　你能为用户提供什么价值

3.3　你和竞争对手有什么不同

3.4　做出精准的用户画像

本章我们讲怎样进行微信公众号定位。在进行公众号定位之前，我们需要明确定位的概念。在市场营销学中，品牌定位就是在设计产品及产品的市场推广过程中，确定品牌和产品在消费者心目中与众不同的形象和地位，从而为消费者提供选择产品时所参考的决策捷径。通俗来讲就是你要解决什么需求？你为用户提供什么价值？你和竞争对手有什么不同？最后，做出精准的用户画像。

3.1　你要解决什么需求

凡事预则立不预则废，要想成功运营一个公众号，首先要知道你的用户需求是什么。做好需求定位之后，公众号运营工作才能继续进行。微信起名、内容编辑、寻找精准粉丝、创造盈利点等都是围绕用户需求来做的。一些公众号运营者不知道需求定位的重要性，所以他们注定成不了小米。他们就像无头苍蝇一样四处乱撞，无法为用户创造价值。

3.1.1　明确用户需求是定位基础

与 QQ 主打熟人社交、微信主打熟人 + 陌生人社交不同，微信公众号强调为粉丝提供服务。比如，每天推送一个小段子、提供某行业大佬分享的创业经验，又或者是提供优惠券、旅游信息的咨询等。不管是订阅号还是服务号，其立足之本都是切实为用户提供帮助，满足用户需求。公众号只有满足了用户某种需求，才能留住用户，持久发展并为企业带来效益。

公众号的需求定位很简单，我们只需要掌握一点：从用户的角度出发，一切自然水到渠成。比如，一个民营医院的微信公众号，可以考虑为用户解惑某些疾病的防治。如果要进行产品推广，也要在得到用户信任之后。生硬地为企业做广告、盲目地追求粉丝数量是不可取的，因为一个真正有需求的客户比刷一万个粉丝的价值更大。

如图 3-1 所示，用户的需求分为三种，微信公众号运营者可以以此作为参考，确定自己要解决什么需求。

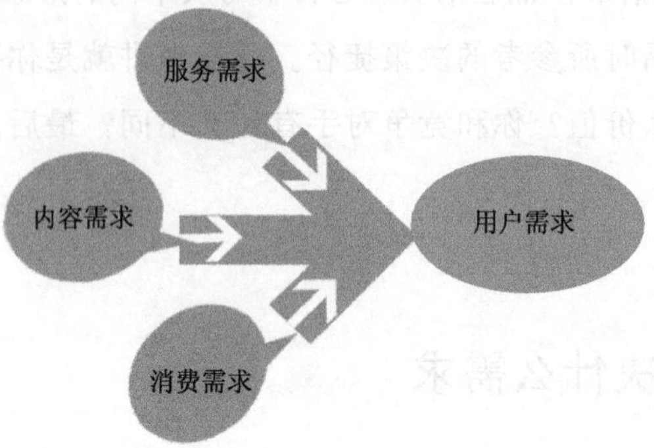

图 3-1　微信公众号用户的三大需求

1．服务需求

一般来说，各大企业开通的微信服务号都定位于满足用户的服务需求。以招商银行为例，其服务号满足了用户对服务及时、查询及电子账单反馈的需求。

招商银行的微信公众号运营堪称最成功的银行微信公众号运营案例。截至 2016 年 6 月，招商银行信用卡微信公众号的粉丝数已经突破 2000 万人，高居银行类微信公众号榜首。尽管招商银行运营微信公众号具有先天的用户优势，但是其依然对公众号的需求定位相当重视。

招商银行通过调查发现招商银行卡的用户中有高达 70% 的人都在用微信，这是一个非常高的融合点。另外，招商银行考虑到自身存在的服务不及时、不能同时处理大量客户的咨询及电子账单的反馈等问题，而恰巧微信公众号具备这样的先天优势，可以帮助招商银行解决这些难题，因此招商银行选择了使用微信公众平台来解决问题，满足用户需求。

2．内容需求

近两年来，微信公众号飞速发展，几乎成为各大企业和自媒体人的标配。

企业及自媒体人通过优质内容维护公众号粉丝的成功案例数不胜数。一般来说，微信订阅号定位于满足用户的内容需求，比如“深度茶叶”和“名山养生”。

“深度茶叶”的需求定位属于典型的行业性信息内容需求定位，也就是说，“深度茶叶”每天要迎合的就是茶叶行业的人。由于茶叶行业的人对重点茶业资讯、茶文化及茶界活动与动向保持高度关注，因此，“深度茶叶”在做有趣的茶资讯的同时，始终坚守着茶新闻资讯这块阵地，每天都会发布茶界新动态。“深度茶叶”有第一茶叶网这个国内业界最大茶门户的背景，这为“深度茶叶”满足粉丝的内容需求提供了有利条件。

尽管同是满足用户内容需求的公众号，“名山养生”与“深度茶叶”却有所不同。“名山养生”的需求定位是功能性的，所有对养生有需要的人都是他们的受众。重视养生的人本就没有一个明确的人群，无关年龄、无关男女。拥有巨大财富的人不一定关注养生，身体状况良好的平凡人或许非常重视养生。在需求定位明晰的情况下，名山养生为用户提供了大量饮食、健身、修性方面的内容。另外，一些深具养生功效的精华资讯或方法也受到了用户青睐。

3. 消费需求

销售模式由消费需求决定。如果用户想要某种产品，就会关注相应种类的公众号，主动寻找心仪产品并产生购买欲望。通过微信公众号的支付功能，用户能够在公众号上购物、注册会员、充值和积分兑换。

“丁桥生活网”微信公众号就是一个定位用户消费需求的公众号。据丁桥生活网 CEO 钱进说：“这个公众号作为网站的延伸，吸引了很多丁桥当地的商家入驻，营销就是这个公众号的主要功能。”

3.1.2 南方航空公众号，提供一站式商旅服务

在微信公众号的需求定位上，南方航空并没有像前文提到的招商银行、“名山养生”、“丁桥生活网”一样幸运，一开始就找准了定位，但是经过不断的尝试

和探索，南方航空最终确定了为用户提供一站式商旅服务的需求定位，成为行业标杆。

南方航空从微信公众号首推到成为行业领头羊只花费了半年时间。2013年1月30日，南方航空开通了微信公众号，并在国内首推微信值机服务。随着南方航空对微信公众号功能的不断开发完善，用户可以通过与公众平台的互动实现机票预订、办理登机牌、航班动态查询、里程查询与兑换、出行指南、城市天气查询、机票验真等通过其他渠道都能够享受到的服务。

南方航空打造一站式商旅服务的微信公众号在很大程度上借鉴了之前官网运营的经验。在官网上，大部分用户最常使用的服务就是办理登机牌和办理常客卡。因此，南方航空最先把值机服务迁移到了微信公众号上。自此之后，用户使用手机就能办理登机牌。微信值机是一个强大的用户需求，而且用户还可以看到座位图，这种体验远远超过短信服务。

南方航空公司特聘的IT首席专家胡臣杰表示，对于现在的南方航空来说，微信公众号的地位与15年前官网的地位一样。由于南方航空公司非常重视微信公众号运营，所以将微信公众平台与网站、短信、手机APP、呼叫中心一起列为南方航空五大服务平台，如图3-2所示。

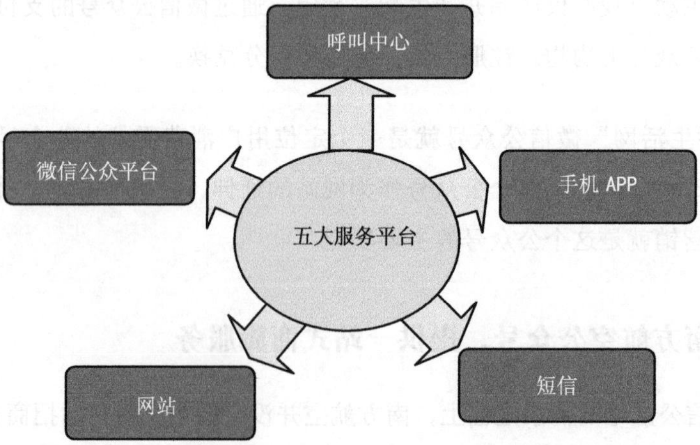

图 3-2　南方航空五大服务平台

腾讯公司副总裁、微信创始人张小龙说过："你如何使用微信，决定了微信对你而言，它到底是什么。"从南方航空使用微信公众号的方式来看，微信公众号就是一个实现用户沟通、维护老客户的渠道。

对于南方航空来说，微信公众号为企业和用户提供了一种新的连接渠道。过去，代理是航空业和用户的主要连接渠道；现在，微信公众号让服务、交易、沟通等互动行为直接在企业与用户之间发生。这一变化降低了企业和用户的沟通成本，提升了沟通效率。

"微信公众号只是一个渠道，用户可能也不知道自己想要获得什么，但是企业对自己的业务是最了解的。因此，你必须明白我们通过微信公众号可以做什么，并且促进微信公众号的发展。"南方航空的资深架构师兼微信项目的产品经理郑炜旸如是说。

微信公众号不是单纯的营销工具，南方航空在这方面还有一些经验教训。在南方航空微信公众号运营之初，其团队以为用户需要一些信息推送，于是就推送了新航线开通等广告消息，然而用户打开率非常低，而且还有大量用户取关。与此同时，用户对企业销售行为的刚性需求开始显现，比如在南方航空微信公众号上购买机票等，于是南方航空利用微信推出的支付功能开发了机票预订等更多服务。

对南方航空来说，微信公众号的使命就是维护老客户。这种纯粹的服务理念也大大增强了南方航空客户的忠实度。可以说，南方航空将微信公众平台服务的功能提升到了极致，也使公众号用户获得爆发性增长。随着用户体验不断优化，南方航空微信用户经历了数次重要增长。截至2016年7月，南方航空的微信公众号用户已经超过500万人。

公众号需求定位的精髓在于，以最快的速度定位用户需求。只有比用户更快，比行业趋势更快，才能引领行业的发展方向。大多时候，用户也不知道未来会流行什么，只要你能抓住，就是你的。

3.2 你能为用户提供什么价值

如果运营者利用每一次技术突破充分调动主观能动性，都会给企业在商业模式的某个环节带来一定程度的影响。微信公众号作为一种新媒体，在不改变商业本质的前提下，减少了信息流的传递、降低了销售渠道的层级，为用户带来了真正的价值。那么，你运营的微信公众号为用户提供了哪些方面的价值？

3.2.1 价值是精准流量入口

众所周知，无论是微博还是微信公众号，那些关注你的人都被称为“粉丝”。现在有人提出了不同看法，他们认为：“微信公众号上不应当用‘粉丝’来称呼那些关注你的人。与粉丝相比，称呼他们为‘读者’更贴切。”在营销的初级阶段，运营者要做的主要是粉丝沉淀，而随着营销模式的升级，价值认同成为决定营销成败的关键因素。要想真正赢得关注者的尊重，需要通过微信公众号的内容推送传递出内容价值和产品价值。

微信教父张小龙曾明确表示：“微信不是营销工具。”然而从微信当前的发展来看，无论是广点通、微信红包，还是H5都透露出浓厚的营销气息。事实上，如果把营销做得特别出色，用户并没有我们想象得那样反感。随着微信的商业化历程发展，盈利是一定的，但是微信营销一定会从一种层次较低的吸粉营销进化为一种层次较高的价值营销。或许这才是张小龙想要微信达到的商业价值。

微信的7亿用户基础构建了公众号的流量入口，而公众号为用户带来的价值将成为最精准的流量入口，为微信公众号营销创造巨大红利。在获取IP的成本和来源成本越来越高的情况下，扫街式的粗暴营销已经失去效用，以价值认同为中心的后微信营销时代已经来临。

3.2.2 星巴克公众号的贴心服务

如果你是一个非常爱喝咖啡的人，那么你一定不会对星巴克感到陌生。在以价值认同为中心的后微信营销时代，星巴克的微信公众号脱颖而出，其致力于打造第三空间的咖啡店：星巴克自然醒。

星巴克微信公众号于 2013 年 2 月 18 日上线，截至 2016 年 7 月，其粉丝已经超过 100 万人。在星巴克微信公众号运营之初，恰逢冰摇沁爽系列创新饮品上市，星巴克推出了“自然醒”活动。粉丝只要发送任何一个表情符号，无论是开心、难过还是震惊，星巴克会立即回复一个按照心情特别调制的音乐曲目，让粉丝免费享用星巴克精选的《自然醒》音乐专辑。

星巴克微信公众号上的创新举动获得了很多年轻人的追捧，有些人为了听星巴克推送的音乐专门关注了星巴克的微信公众号。

后来，在星巴克的早餐系列新品上市时，其又推出了“星巴克早安闹钟”创意活动。粉丝下载“星巴克中国”APP 后，在每天早上 7 点至 9 点，闹钟响起后的 1 小时内到达星巴克门店，就可以获得购买纯正咖啡饮品，并享受半价早餐新品的优惠。微信推出“摇一摇”功能后，星巴克中国立即开启应用与微信“摇一摇”线上线下互动的全新体验营销模式。

同时，星巴克微信公众号还通过推送丰富的咖啡知识打造自己文化大使的形象。比如，当你在星巴克喝完一杯咖啡时，贴心的星巴克微信公众号会与你互动，向你推送相关的咖啡知识。在潜移默化的影响下，你会愿意把在星巴克的美好体验分享到朋友圈，传播星巴克文化。这种打造“意见领袖”的做法让星巴克的品牌故事诞生并且流传开来，我们不得不感叹粉丝的口碑影响力。

通过星巴克的微信公众号案例我们可以知道，微信营销应当贴近用户，为用户提供用心的服务，让用户在你的微信公众号上获得价值。那些单单为了销售额和利润而运营微信公众号的人是无法成功的。下面，我们来看看星巴克的微信公众号为用户提供的三种价值，如图 3-3 所示。

图 3-3　星巴克的微信公众号为用户提供的三种价值

1．安全、美味、时尚的产品

星巴克微信公众号上的产品宣传以实物为准，其安全、美味、时尚的定位迎合了中高端的消费人群。由于星巴克的目标客户群为中高端消费人群，所以星巴克需要紧跟时代的步伐，不断创新产品种类，创新用户购买体验。可以说，微信公众号是星巴克创造个性化用户体验的线上平台。

2．新兴的购物渠道

微信是当下最火热的销售渠道。由于这种销售渠道是移动互联网下的产物，迎合了广大年轻用户的需求，所以作为日常通信平台，微信已经成为人们生活中不可缺少的一部分。因此，星巴克选择微信公众号这一营销渠道符合当今的时代潮流，价值在于为用户提供新兴的购物渠道。

3．及时获得优惠信息

星巴克一旦推出优惠活动，首先会在微信公众号上推送信息，喜爱星巴克的粉丝们可以第一时间得到消息。另外，星巴克创新推出的“早安闹钟”活动，让用户在闹钟响起的一个小时内赶到星巴克门店获得优惠，为用户提供了一种独特的星巴克体验。星巴克通过微信公众号为人们提供的人性化服务得到了广大粉丝的认可。

星巴克的案例证明了一个道理，微信公众号运营的创意和诚意很重要。其意义在于让消费者得到了被重视感，这样消费者才能把你的品牌放在心上。

3.3　你和竞争对手有什么不同

很多人做微信公众号的时候，总是盯着竞争对手看。竞争对手写了什么，他也写什么，有的甚至直接将内容复制粘贴过来。竞争对手做了一个线上活动吸引粉丝，他也做一个线上活动吸引粉丝，而且活动力度更大。这种做法即便不会将公众号做死，但是其步伐一定是永远在竞争对手之后的。因此，运营者要让自己的微信公众号与竞争对手的微信公众号区分开。

3.3.1　差异化定位降低竞争压力

美国最大的连锁会员制仓储量贩店好市多（Costco）在进入维多利亚的四年时间里依靠低廉的价格、优质的服务连续打败了三家连锁超市。然而一个中国华侨开的 Fairway Market 却能够仍旧在维多利亚经营，而且截至 2016 年已经有十多家分店。

原来，Fairway Market 与其他超市都不同，由于其老板是一个华侨，所以超市设立了华人、日本人、韩国人、印度人等专区，为来自各个国家的移民提供本国的特殊调料。因此，无论 Fairway Market 的产品、服务如何，世界各地的移民一直对其不离不弃。

Fairway Market 的成功秘诀只有五个字，即“差异化定位”。这一秘诀也适用于微信公众号。一个微信公众号永远不可能满足所有人的要求，一定会有自己的针对性和发力点。也就是说，运营者一定要找准自己的核心竞争力，确定自己的特有内容，这是提升用户黏性的最佳利器。

近两年，随着微信公众号运营的火爆，公众号同质化现象非常严重。搜索“营销”两个字,可以出来上百个同类公众号。如果你关注了 20 多个营销账号，看哪个营销账号是一个让你头疼的问题,这也是很多用户都面临的问题。于是，微信公众号的差异化定位成为其能否得到众人关注的关键因素。

美国营销大师艾·里斯（Al Ries）杰克·特劳特（Jack Trout）这样解释“差异化定位”思维：“根据定位理论，人类心中有一个空位，这是各个厂家竞相争夺的地方；如果这个位置是空的，要装满它很容易；如果这个位置已经被占据了，要填补就很困难，在这种情况下，要想占据人们心中的一个角落，就必须重新定位。”

如果你是一个微信公众号运营者，需要思考以下问题：我的公众号是服务于企业还是自媒体，要达到什么效果？如果是服务于企业，是 B2B 模式还是 B2C 模式？如果是自媒体，那么做行业自媒体还是做个人自媒体？这些都与差异化定位直接相关。

我们在第 2 章对微信公众号的四大模式进行了讲解，公众号运营者可以据此做好大方向的定位，并进一步确定为用户带来的差异化服务是什么。总体来说，公众号的差异化定位是在企业定位的基础上，寻求市场空白。

确定定位方向以后，还需要通过一个具体的模式验证价值定位的可行性。社会化电商、企业对外展示、行业自媒体、自媒体四种模式的菜单框架侧重点是不一样的，如图 3-4 所示。社会化电商模式重视促销；企业对外展示模式重视互动；行业自媒体及自媒体模式重视内容。需要注意的是，并非所有的模式都要把内容放在第一位。

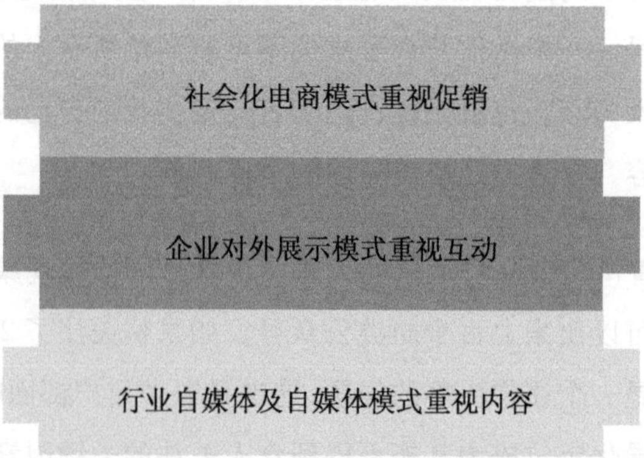

图 3-4　公众号四种模式的侧重点

媒体人是非常擅长讲故事的，而且还懂得品牌和公关。因此一个微信公众号运营好了，胜过100个销售人员的推销，而这就需要运营者思考清楚怎样为用户带来差异化服务。

3.3.2 微信公众号里的“南方周末”

下面，我们看一个差异化定位的公众号运营案例。

众所周知，《南方周末》因其对热点新闻话题的独到评论和深度剖析成为中国报业的常青树，也被视为“北方报业的典范”。在微信中，有一个公众号与《南方周末》一样，当大部分公众号都对热点话题刷屏吐槽时，它却始终保持冷静，对新闻事件进行深度剖析。它就是8090企业商业精英联盟（微信号：chuanglian8090）。

8090企业商业精英联盟公众号主要包含四个栏目：鲜资讯、锐人物、品牌营销谈及评新而论。鲜资讯栏目主要讲一些商业、经济领域的专业新闻；锐人物主推“80后”及“90后”创业励志人物的传记和分析；品牌营销谈大部分是对品牌营销的深度探讨。评新而论是后来推出的栏目，主推对新鲜资讯、商业技巧及经济热点的深度剖析。

专业的差异化定位为8090企业商业精英联盟带来了源源不断的粉丝。自2014年年底开始运营，截至2016年7月，其粉丝数始终以每月上万的速度稳定增长。公众号无须满足大众的口味，只要通过差异化定位构建不同于竞争对手的优势便能够吸引特定人群，进而吸引更多的粉丝，8090企业商业精英联盟在这方面做得非常出色。

事实上，迎合大众的喜好与做专业精准的内容并不矛盾，关键在于紧抓目标用户的特征。比如，8090企业商业精英联盟推送的内容大多是专业和深奥的，但是它也擅长把大众熟知的新闻热点与自己的定位融合起来。2016年开年，当《西游记》中孙悟空的扮演者六小龄童成为众人热议的对象时，8090企业商业精英联盟在品牌营销谈栏目推送了《挖掘营销背后：六小龄童携手百事贺岁广告》的文章，详解了此次营销事件。

微信公众号的运营需要长期保持一致性才能给用户一个系统和直观的整体感受，使公众号容易被识别，强化区别于其他微信公众号的差异化定位。个性化的公众号可以增强用户的黏性，使用户持久关注，这也是8090企业商业精英联盟成功的秘诀。

微信公众号上的粉丝可以随时取消关注，就算再强大的产品和平台也有可能被冷落或者被具有创新力的竞争对手迅速替代。因此，运营者需要对公众号进行差异化定位，明确自己与竞争对手的不同，以及公众号的独特优势，并不断巩固自己的优势，避免被竞争对手超越。

3.4 做出精准的用户画像

明确了微信公众号要解决的用户需求、提供的价值，以及做好了差异化定位之后，用户画像就已经有了初步轮廓。接下来，运营者就需要根据微信公众号的初步定位做出精准的用户画像。比如“91运营网”微信公众号，其目标受众人群是电子商务、网络营销及产品经理等互联网从业人士，那么可以据此分析其性别、年龄、学历、收入、城市及喜好信息。

3.4.1 用户的人口统计学信息及行为数据

《欢乐颂》是2016年的热播大剧之一，第一季完美收官之后，其第二季开拍的消息又成为人们关注的焦点。《欢乐颂》之所以能够引起各个社会阶层人士的共鸣，就是因为它的用户画像几乎涵盖了都市生活中的所有人物形象，让大部分人都在剧中看到了自己的影子。

那么，用户画像到底是什么呢？用户画像指的是真实用户的虚拟代表，是建立在一系列真实数据之上的目标用户模型。精准的用户画像不会超过三个以上，当有多个用户画像的时候，要考虑到用户画像的优先级，否则用户将不精准，运营难度将增大。

在公众号运营过程中，精准的用户画像有利于我们把握公众号推送的内容方向，在后期进行精准推广，最后还关联到公众号的盈利模式。一般来说，构建用户画像本应是产品经理的工作，但由于微信公众号本身就是一款成型的产品，因此我们在做内容、用户量及推广活动的时候要清楚现有用户的特征及目标用户的特征。用户画像包含的元素如图 3-5 所示。

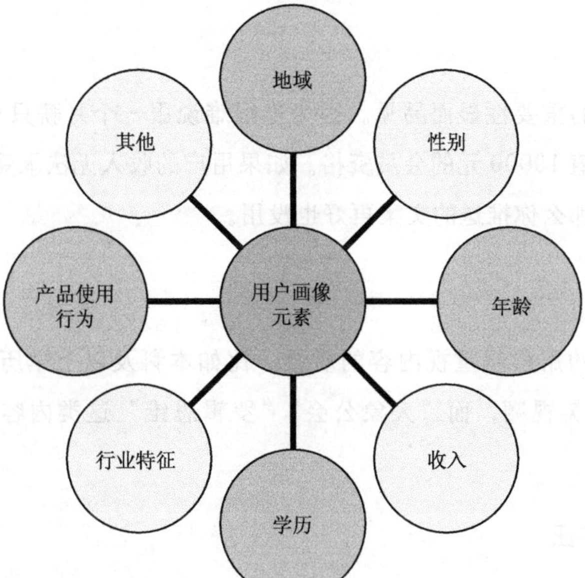

图 3-5 用户画像包含的元素

1. 地域

地域是指用户的地理位置。比如，一二线城市的用户收入相对较高，他们对新鲜事物的接受程度高，不容易对价值低的小优惠动心；三四线城市的用户收入一般，对他们来说，大多数活动都是新鲜好玩的，小优惠对他们也具有吸引力。

2．性别

用户性别的不同决定了不同的运营方向，比如女性喜欢暖色，容易动情；而男性更偏向于理性，喜欢冷色。另外，很多女性会对星座、娱乐新闻感兴趣，而男性则对军事、科技着迷。

3．年龄

不同的年龄段所关注的内容是不同的，比如“00 后”是二次元的受众、“90 后”是互联网受众、“80 后”是职场类内容的受众、“70 后”是心灵鸡汤类内容的受众……

4．收入

用户收入的重要性显而易见。因为你很难说服一个月薪只有 2000 元的用户购买一个价值 10000 元的会员资格。如果用户的收入无法承受你的产品或者服务的价格，那么你推送的文案再好也没用。

5．学历

学历越高的用户越重视内容的质量，比如本科及以上学历的用户基本不会关注低俗搞笑视频，而“大象公会”“罗辑思维”这类内容则受到他们的喜爱。

6．行业特征

根据行业不同，运营者对用户行业特征的关注点也不同。运营者应当结合所在行业，找到可以将用户筛选出来的特征。以手机为例，有的人喜欢小屏，有的人喜欢大屏；有的人喜欢扁平化用户界面，有的人喜欢拟物化用户界面，有的人喜欢扁平的拟物化用户界面……

7．产品使用行为

产品使用行为包括打开时间、打开频率、分享、留言、点赞等行为。

8. 其他

其他元素包括用户兴趣、职业、家庭状况、信仰和价值观等。

3.4.2 “微互动”的用户画像

接下来，我们以“微互动”公众号为例，看其用户画像是如何形成的。“微互动”的目标用户是运营者，大都以男性为主、大多位于北上广深一线城市、年龄在 20～35 岁、收入一般为 5000～15000 元、关注热点和新媒体、朋友圈活跃度较高、关注了众多公众号、加入了众多行业微信群等。

根据以上信息，“微互动”的用户可以具体化为一个人物，我们暂且称之为“杨鑫”。

杨鑫 25 岁，男，居住在北京，收入为 7000 元，使用的手机是 iPhone6S。杨鑫大学毕业两年，在中关村一家互联网科技公司上班，负责公司微信公众号运营工作，每天推送一篇文章。每推送一篇文章，杨鑫都会将其转发到各个群里，偶尔会在今日头条上做一下推广，或者策划一些 H5 及线上线下的小活动。

以上就是“微互动”粉丝的一个简易版用户画像，它来自于运营者对微信公众后台的数据分析，以及通过与粉丝交流互动得到的判断。

杨鑫是一个具体的、虚拟化出来的人物，但是他与“微互动”的很多真实用户非常相似。用户画像远远不止这么简单，还需要通过用户分类完善用户画像。比如，根据经验区分，“微互动”的粉丝群中有刚毕业的大学生，有上班族，有工作不到 1 年的运营新手，有工作 5 年以上的运营高手，还有一些产品经理和创业者。根据关注动机区分，“微互动”的粉丝群中有因凑热闹随意关注的，有每天等待推送密切关注的，有通过第三方渠道引过来的，还有一些同行为了获取内容而关注的。

看完以上案例，如果让你现在开一个公众号，就可以很容易地把用户画像做出来。需要注意的是，如果你的公众号没有主题、推送的内容涉及各个领域，那么肯定做不出精准的用户画像，公众号的发展速度会比较慢。因此，精准的用户画像是以用户需求、价值及差异化定位为基础的。

4

公众号注册和申请技巧

4.1　公众号申请流程

4.2　选择恰当的公众号类型

4.3　公众号命名

4.4　怎么“偷看”别人的公众号粉丝量

4.5　向微信大号取经

4.6　规划微信公众号的四大策略

做好公众号定位以后，就可以着手准备申请属于自己的公众号了。那在公众号注册和申请过程中需要注意哪些问题呢？有什么技巧可用吗？本章将为大家讲解微信公众号的注册和申请技巧，开启微信公众号运营之旅。

4.1 公众号申请流程

申请公众号与申请个人微信号不同，申请公众号的流程和需要的资料都相对复杂。一个公众号形象可以体现一个公司的形象，可以向客户推送信息，其功能非常重要。

4.1.1 准备好申请资料

申请公众号时，需要准备以下资料：一个公众号名称、4～120 个字的公众号功能简介、一个用于激活公众号的邮箱、公众号运营者的个人微信号及绑定的银行卡、一张清晰的营业执照原件的彩色扫描件或数码照。

4.1.2 登录微信公众平台填写注册信息

准备好资料之后，运营者就可以登录微信公众平台填写注册信息了。步骤如下。

（1）进入微信的官方网站 http://weixin.qq.com，点击“公众平台”按钮，再点击“立即注册”按钮。

（2）输入事先准备好的邮箱地址并设置公众号登录密码，点击“注册”按钮。

（3）收到一封激活微信账号的邮件后，打开邮件并点击链接激活账号，如图 4-1 所示。

（4）激活账号之后，填写主体信息，页面如图 4-2 所示。信息包括企业名称、营业执照号码、营业执照彩色扫描件、企业的对公账号信息；运营者信息登记包括运营者身份证姓名、运营者身份证号码、运营者身份验证（用绑定银行卡的个人微信扫描二维码进行实名认证）、运营者手机号码及短信验证码。

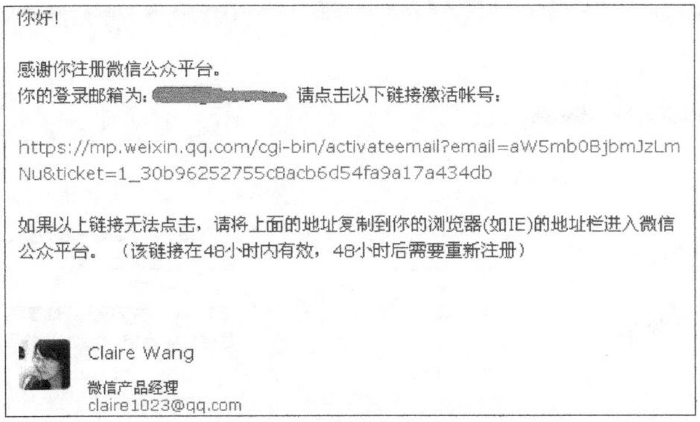
你好！

感谢你注册微信公众平台。
你的登录邮箱为：[redacted] 请点击以下链接激活帐号：

https://mp.weixin.qq.com/cgi-bin/activateemail?email=aW5mb0BjbmJzLmNu&ticket=1_30b96252755c8acb6d54fa9a17a434db

如果以上链接无法点击，请将上面的地址复制到你的浏览器(如IE)的地址栏进入微信公众平台。（该链接在48小时内有效，48小时后需要重新注册）

Claire Wang
微信产品经理
claire1023@qq.com

图 4-1　激活账号的邮件

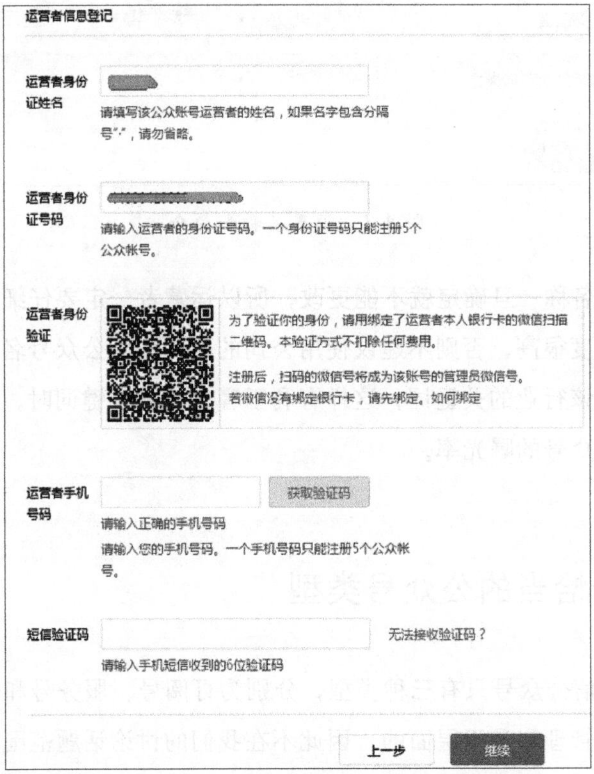
运营者信息登记

运营者身份证姓名 [redacted]
请填写该公众账号运营者的姓名，如果名字包含分隔号"·"，请勿省略。

运营者身份证号码 [redacted]
请输入运营者的身份证号码。一个身份证号码只能注册5个公众帐号。

运营者身份验证
为了验证你的身份，请用绑定了运营者本人银行卡的微信扫描二维码。本验证方式不扣除任何费用。
注册后，扫码的微信号将成为该账号的管理员微信号。
若微信没有绑定银行卡，请先绑定。如何绑定

运营者手机号码　获取验证码
请输入正确的手机号码
请输入您的手机号码。一个手机号码只能注册5个公众帐号。

短信验证码　无法接收验证码？
请输入手机短信收到的6位验证码

上一步　继续

图 4-2　主体信息填写页面

(5) 设置公众号名称并填写功能介绍，如图 4-3 所示。

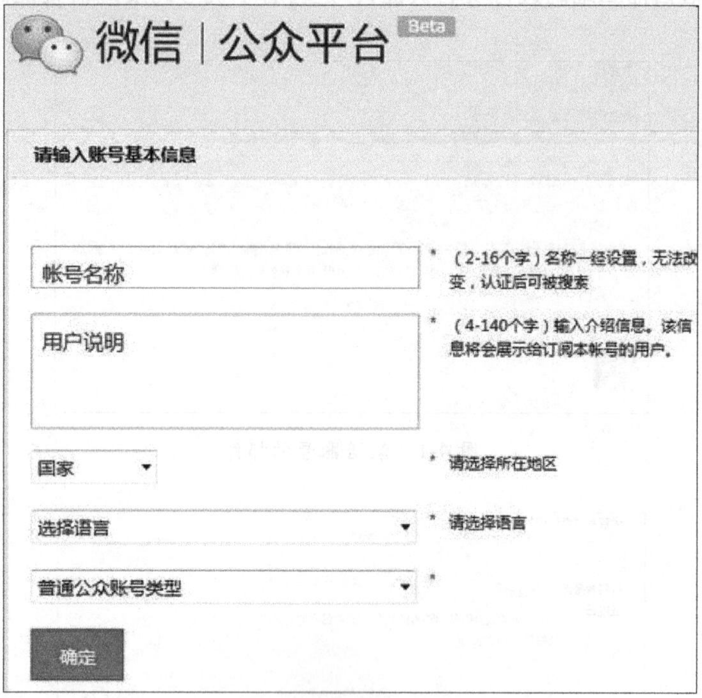

图 4-3 设置名称和简介

公众号的名称一旦确定就不能更改，所以运营者一定要仔细斟酌一番。除非公司的知名度很高，否则不建议使用公司的品牌作为公众号名称。公众号的名称最好包含该行业的关键词，这样有利于客户搜索关键词时，使公众号展示出来，提高公众号的曝光率。

4.2 选择恰当的公众号类型

当前的微信公众号只有三种类型，分别为订阅号、服务号和企业号。由于企业号是面向管理和员工层面的，因此不在我们的讨论话题范围内。服务号与订阅号的区别如表 4-4 所示。

表 4-4　服务号与订阅号的区别

账号类型	发送次数	功　能
服务号	每月四次	微信认证、自定义菜单、微信支付、多客服、卡券、模板消息、微信小店、设备功能、门店管理、商品素材、文中直接加超链接、收发小视频
公司订阅号	每天一次	微信认证、自定义菜单、多客服、卡券、收发小视频
个人订阅号	每天一次	自定义菜单，但无法进行认证

4.2.1　以内容为王的订阅号

订阅号具体分为企业组织类的订阅号和个人订阅号，个人订阅号是没有认证功能的，只有企业类的订阅号才能获得更多权限和排名的优化。订阅号适用于个人、媒体、政府或其他组织。订阅号为用户提供信息和资讯，每天可以发送一条群发消息，消息会显示在用户的订阅号组合中，用户不会收到即时消息提醒，微信对于订阅号没有较多的限制，自由度比较高。

一些企业要利用微信公众号与客户沟通，宣传企业文化、品牌及最新动向；一些企业，尤其是媒体要每天为客户提供新闻资讯，适合选择订阅号；一些企业需要与客户分享或者交流最新的产品、要闻及新鲜资讯，必须选择订阅号，因为你必须每天向客户推送各种消息以增加人气。比如，商场或超市的公众号除了让用户获得信息以外，还要促进他们购物的需求，而且在用户购物之后，还要跟家人分享和交流。

订阅号推送的内容是非常适合转发的，它常常勾起人们的好奇心，调动用户群体的追随情绪。比如陈安妮把一个 APP 的推广软漫画变成一个现象级的文案，而且一年 12 个月，一个月 4 次，每次都能做出顶级优秀的文案，吸引了大批漫画爱好者的关注。

4.2.2 以服务功能为主的服务号

服务号为用户提供服务，一个月内仅可以群发一条消息，但消息会显示在用户的聊天列表中。微信对服务号有一定的限制，比较适合权威但次数不频繁的公告类企业。服务号的优势是群发消息可以直接推送给用户，而用户会即时收到消息并可以直接在首页点击查看。由于服务号开放的接口较多，企业还可以进行更深层次的定制开发，实现一些自己喜欢的功能。

经常与客户发生关系的行业企业可以直接选择服务号，比如电商企业、银行、航空企业等。对于这些企业来说，服务号可以在用户消费过程中给用户提供订单、行程、路线、航班信息等即时提醒和查询服务，并提供实时在线客服。

众所周知，南方航空、招商银行等知名企业都选择了服务号，它们选择服务号有三个原因，如图 4-5 所示。

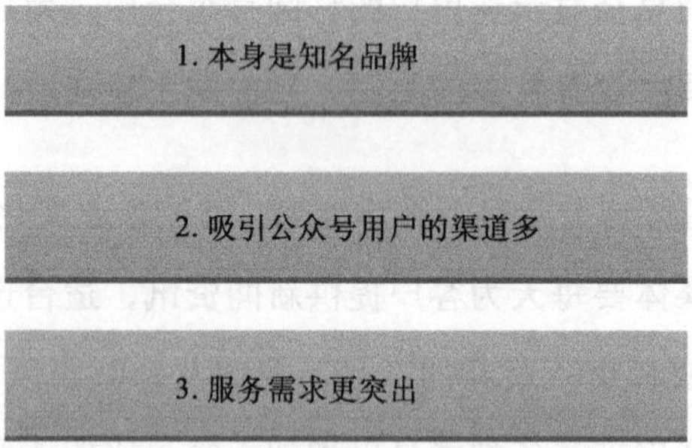

图 4-5 知名企业选择服务号的三个原因

首先，它们本身就是知名品牌，不需要通过订阅号吸引用户。

其次，它们有无数种渠道来增加自己的公众号用户，没有必要通过推送信息来获取微信用户。

最后，对这些大企业来说，客户的服务需求更突出。因此服务号是这些企业的必然选择。

4.2.3　为什么一定要分清服务号与订阅号

综上所述，选择订阅号还是服务号需要根据主体的具体情况来定，没有绝对的好坏之分。最重要的是，运营者需要明确自己的商业模式与客户规模。如果你的公众号是房地产、汽车、金融证券类专业性强的公众号，需要处理很多咨询业务，那么服务号是一个好选择。如果需要通过信息资讯引导消费者，从而达到盈利的目的，那么选择订阅号为佳。

大多数初次尝试公众号运营的企业应当从订阅号做起。订阅号运营可以形成良好的用户沟通机制和氛围，当关注量足够大，用户很多需求无法通过订阅号满足时，企业再升级到服务号也不迟。这是一个水到渠成的过程，而非冒进。而电子商务、航空等对用户互动有较高要求的企业应优先选用服务号，在用户消费过程中不断给予服务性的提示，提供订单行程、路线、航班信息等即时提醒和查询，并提供实时在线客服。

4.3　公众号命名

为什么你的微信公众号每天自发增长的粉丝只有几个，而别人的却有上百个？为什么搜索同一个关键词，你的公众号不见踪影，而别人的比较靠前？随着微信公众号的爆发式增长，想要让自己的公众号脱颖而出越来越难。而这一切都与微信公众号的名字有关。公众号取名需要结合主要内容、运营目的及搜索指数综合考虑，下面我们一起来看看怎么给公众号起一个好名字。

4.3.1　关键字：价值、服务、内容、范围、行业

一般，微信公众号起名需要遵循关键字原则，涵盖价值、服务、内容、范围、行业等信息。常见的公众号名称的类型如图 4-6 所示。

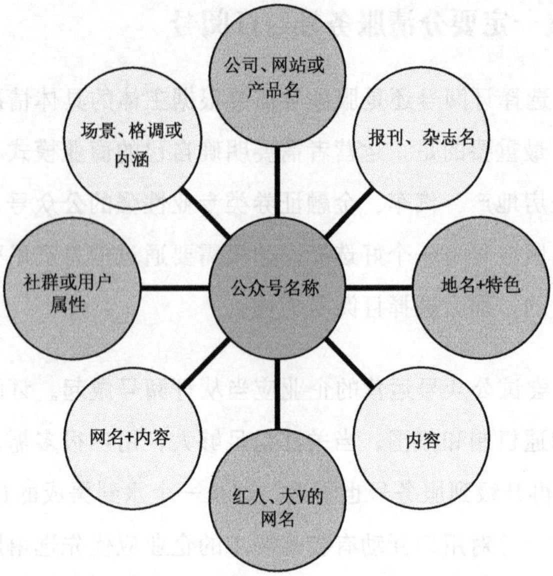

图 4-6　常见的公众号名称的类型

1．公司、网站或产品名

比如，“零下一度”、豆瓣、“印象笔记”、“大象公会”、“插坐学院”等。

2．报刊、杂志名

比如，“央视新闻”、“人民日报”、“南方周末”、“外滩画报”、“哈佛商业评论”、“知日”等。

3．地名 + 特色

比如，“最爱大北京”、“上海发布”、“深圳潮生活”、“吃喝玩乐 IN 广州”、“英国那些事儿”等。

4．内容

比如，“一条”、“每天一首好音乐”、“视觉志”、“毒舌电影”、“书单”、“为你读诗”、“深夜谈吃”、“一条特立独行的广告”、“明清史研究资讯”、“意外艺术”、“专业主义”、“金融八卦女”等。

5．红人、大 V 的网名

比如“papi 酱”、“咪蒙”、“同道大叔”、“顾爷”、“鬼脚七”、“衣锦夜行的燕公子”、“宋小君”等。

6．网名 + 内容

比如，“罗辑思维”、“吴晓波频道”、“六神磊磊读金庸”、“老金扯谈”、“幻方秋叶 PPT”、“简七理财”、“苏珊米勒星座馆”、“黄小厨”等。

7．社群或用户属性

比如，“行动派 DreamList”、“颠覆式创新研习社”、“十点读书会”、“我们都是文艺青年”、“互联网 er 的早读课”、“不正常人类研究中心”等。

8．场景、格调或内涵

比如，“二更食堂”、“深夜发媸”、“小道消息”、“世相”、“灼见”、“好报”、“乌云装扮者”、“机器之心”、“差评”、“公路商店”、“利维坦”等。

4.3.2　做微信公众号必须懂 SEO

SEO（Search Engine Optimization，搜索引擎优化）的作用是通过内容优化等手段提升搜索引擎收录排名，排名提升了就更容易获得免费搜索流量。可以说，SEO 的核心是关键词，所以我们在设置公众号名称时就需要设置高频率的关键词。

自微信推出公众号搜索功能以来，SEO 就受到了公众号运营者的重视。业内人士经过观察研究发现，公众号名称对公众号搜索排名影响是比较大的。下面是我们对微信公众号命名的三点建议，如图 4-7 所示。

（1）名称尽可能包含关键词，而且关键词排名越靠前越好。

（2）名称越简短越好，不建议使用公司全称，含有品牌或服务相关字即可。

(3) 标题含义对用户搜索价值越高越好，比如搜索“戴尔”这个词，出现第一位的是“戴尔售后”，说明更多的人想了解戴尔售后服务信息。

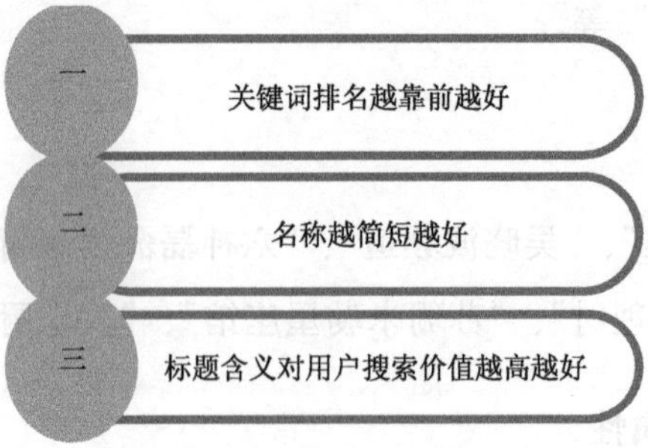

图 4-7　微信公众号命名

目前搜索微信公众号的方法有两个，一是通过微信自带的搜索功能搜索；二是通过搜狗推出的微信搜索平台搜索。这两种渠道的排名算法是不同的，比如搜索“公务员”这一关键词时，“公务员考试网”在微信上的排名是第六位，而在搜狗的微信搜索平台则排在第一位。然而，前十名的公众号几乎是一致的，所以两者的算法应该相当接近。

如何给公众号命名可以使其在这两个搜索平台中排名前列，这也是公众号运营者了解 SEO 的最终目的。

公众号的名称是影响搜索排名的最大因素。如果公众号权重够高，那么名称与搜索关键词只要有部分匹配就能获得良好排名；但是权重不高的公众号，名称要与搜索关键词全匹配才能获得排名。

比如，在搜狗微信搜索平台搜索“唯美心情美文”一词，立即可以搜到“唯美心情美文”这一公众号，因为关键词与公众号名称完全匹配。但是如果搜索“美文”这一关键词，则看不到“唯美心情美文”的公众号。而其他权重较高的公众号虽然只有部分文字匹配，但依然被搜索出来了。这与“唯美心情美文”刚上线不久、权重较低有关系。

因此，运营者在给公众号命名的时候，可以关联自己的服务与产品，这样更容易被潜在客户搜索到，带来流量。此外，行业的细分属性、价值类属性都有利于客户通过关键词搜索到公众号，比如“财经书”、“理财书”、“好好书”、“读好书”等。

若我们将以上属性都加到公众号名称上，会发现字数不够用，因为公众号最长可设置 13 个字，这时就需要将相关度不高的属性去掉。此外，有些运营者还用一些冷僻词汇作为公众号名称。根据搜索规律，这些词汇冷僻的关键字很少会有人搜，也不容易被人记住。比如，有人曾经使用“三朵向阳花”的名字，用户怎么能通过关键字搜索到它呢？

4.4　怎么“偷看”别人的公众号粉丝量

当竞争对手声称自己的公众号粉丝数量有几十万甚至几百万时，你是不是非常着急？他们的粉丝数量真的有这么多吗？如果你想“偷看”竞争对手的公众号粉丝关注量，该怎么办？

4.4.1　判断公众号价值的四大数据指标

订阅人数、文章阅读数、文章分享数、文章被收藏量是决定公众号价值的四大数据指标。图 4-5 所示是某篇公众号文章的后台数据，但是只有管理员才能看到。

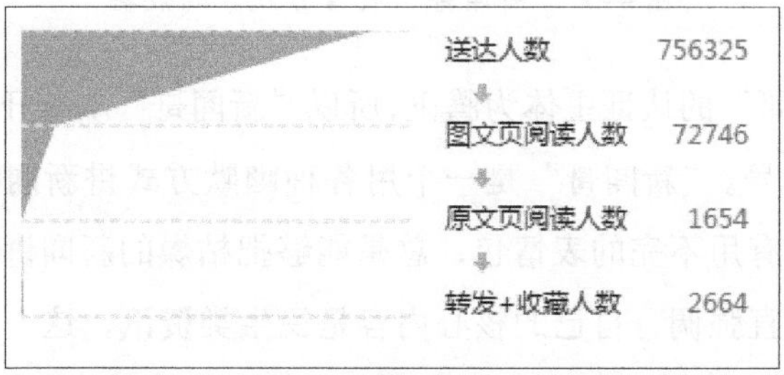

图 4-5　判断公众号价值的四大数据指标

如果我们能看到这些数据，就能判断一个微信公众号的粉丝质量，这对于了解竞争对手非常有利。我们怎么不通过后台就能看到一些公众号的真实数据呢？下面，我们为大家讲一种通过腾讯新闻直接看别人的粉丝数的方法，这种方法仅限于被腾讯新闻收录过文章的公众号。

4.4.2 “新闻哥”的真实数据是多少

在图 4-6 中，“新闻哥”的微信公众号的订阅数、分享数、收藏量、阅读量显示得一清二楚。

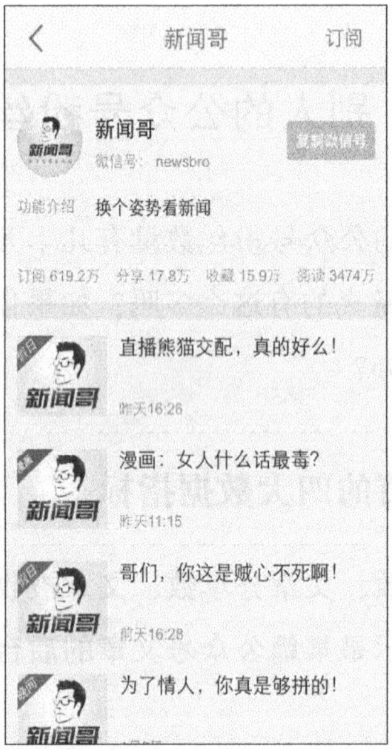

图 4-6 “新闻哥”微信公众号的数据

由于“新闻哥”的认证主体为腾讯，所以“新闻哥”从一开始就被冠以“腾讯亲儿子”的称号。“新闻哥”是一个用各种幽默方式讲新闻的段子手，它的图片库里永远都有用不完的表情包，总是能够把枯燥的新闻讲得生动有趣。然而“新闻哥”一直强调，自己的核心内容是民生类资讯，这一点始终不会变。

下面，我们一起来看看获得“新闻哥”真实数据的基本流程。

（1）在手机的应用商店里下载“腾讯新闻”客户端或者通过手机网站访问 http://news.qq.com/mobile/download.htm，下载并安装腾讯新闻 APP。

（2）在新闻搜索一栏里搜索“新闻哥”。

（3）打开“新闻哥”发布的某篇新闻，然后点击右上角的三个圆点图标，就可以看到“查看媒体信息”，如图 4-7 所示。

图 4-7　打开某一篇新闻

（4）点击“查看媒体信息”就能看到详细数据。

通过数据分析可以判断所搜索公众号的用户数量与质量。通过这种方式我们可以随时关注竞争对手或同类型的微信公众号，从而调整微信公众号的运营策略。另外，我们也可以利用这种方式寻找可以合作的推广伙伴。

4.5 向微信大号取经

如果你对新媒体运营感到非常陌生和茫然，可以向微信大号取经。截至2016年，众多优秀的微信公众号出现在人们的视野里，除了“罗辑思维”、“吴晓波频道”等自媒体公众号以外，“一条”“行动派”“笔记侠”等微信大号也非常出名。

4.5.1 名字像“一条”一样简短有力

“一条”“灼见”“洞见”“顾爷”“视觉志”“正和岛”等中国前500强的微信大号的名字都非常简短有力，听起来也非常响亮。简短有力的公众号名字读起来朗朗上口，也容易记忆，有助于公众号的传播。一般，简短有力的名字要求汉字字数低于5个。

有一种说法是“名字决定了一个人的运势”，我们不纠结这种说法到底有没有科学道理，但是名字的重要性足以显现出来。在微信公众号运营中，一个好名字对推广和增加粉丝有非常大的帮助。

微信公众号的名字是人们对公众号的第一印象，公众号如此之多，如何让大家喜欢你、记住你？

给公众号取名切忌走不寻常的路线。虽然“罗辑思维”公众号大火，但是罗振宇自己表示：“用这个‘罗’字是最大的失误，因为每次都要和人家强调这是自己的姓氏。”“私想家”也犯了同样的错误，让人对其概念混淆不清。另外，用英文名字也不是一个好的选择，因为大部分用户都记不住，除非只用三四个字母。

4.5.2 像“行动派 DreamList”一样细分

微信公众号几乎已经成为创业标配，如果你还想依靠公众号做出一番事业，那么在大众领域一定没有机会了，但是在细分领域还有很大空间。因此，给微信公众号的定位要足够细分，比如“行动派 DreamList”就非常到位。

行动派是一个发展迅速的泛“80 后”、“90 后”青年社群。截至 2016 年，行动派拥有社群成员超过 35 万人。其微信公众号“行动派 DreamList”通过粉丝的主动分享和传播，在半年多的时间里让粉丝突破了 13 万人。“行动派 DreamList”始终倡导学习、分享和梦想清单的理念，鼓励青年们“做行动派，成为更好的自己。”

比如创业邦微信公众号的最初定位非常明确，就是向初创业者分享创业心得，同时附带成熟创业者、财务从业者和投资圈、孵化器工作人员的成功经验，所以早期定位为“连续创业者的干货笔记”。

某一天，“行动派 DreamList”的运营者琦琦向创业邦的运营者建议：“现在写创业的公众号太多了，你得再聚焦一些。”于是，创业邦重新定位为“互联网创业界最懂财会、财会界最懂互联网创业，上述领域肯定是最帅的！”。在定位更细分之后，创业邦吸引的粉丝也更精准。

4.6　规划微信公众号的四大策略

既然已经决定运营一个微信公众号，那就不要急于求成，一定要经过详细而周密的规划，步步为营，高效执行。一些公司盲目跟风开通了微信公众号，可经过一段时间的运营却没有吸引多少粉丝，看着别人利用微信公众号吸引了上万粉丝，企业利润越来越多，它们更着急了。

心急吃不了热豆腐，无论是谁运营微信公众号，都需要经过严密的规划，寻找适合自己的位置。下面，我们一起来看看微信公众号规划的四大策略。

4.6.1　统筹布局：准备工作很必要

我们在前面讲了如何对微信公众号进行定位，并根据品牌形象确定目标人群。以小米为例，小米的微信公众号定位非常精准："做发烧友喜爱的手机，专注手机玩家。"接下来就要进行公众号取名、功能简介、选择公众号类型、设置公众号头像等工作。另外，运营者还需要在后期完善认证环节。

不要小看这些准备工作，作为外界对你的第一印象，准备工作在一定程度上代表了你的企业品牌形象。俗话说"万丈高楼平地起"，当你把这些准备工作做好之后，就可以没有顾虑地进行后续工作。再次强调，运营者一定要事先想好公众号名字，因为名称一旦注册成功就再也不能修改。

4.6.2 团队建设：外包或者独立运营

在企业里，微信公众号运营一般由微信团队来负责，主要是微信内容和功能的建设工作，如图 4-8 所示。

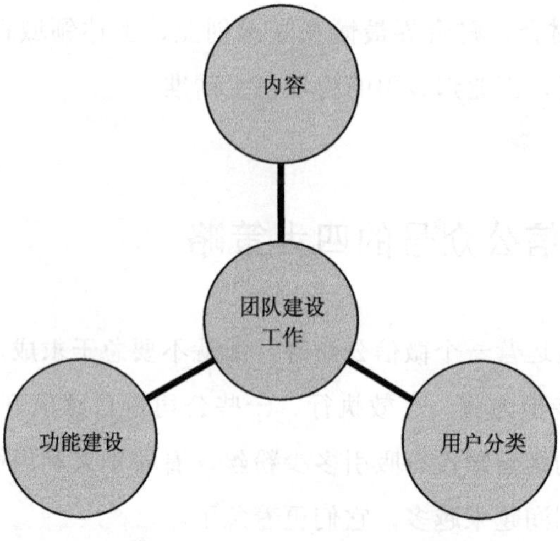

图 4-8 团队建设工作

(1) 在内容规划中，企业需要知道每周向粉丝推送什么类型的内容，比如是多图文消息还是单图文消息，是推送有趣的内容来吸引用户还是推送满足用户需求的消息。需要注意的是，企业要推送的内容应当尊重用户的意愿。

(2) 功能建设包括企业简介、企业商城和企业提供的服务等。

（3）用户分类是指企业吸引用户之后如何对用户进行分类。

团队建设工作是一个非常复杂的过程，企业通常有两种形式来完成：一是外包；二是自己组建团队。

4.6.3　搭建结构：各部门配合

市场推广、销售、售后服务、物流管理、财务都是微信运营的环节，所以，最好的微信运营团队应当是以市场为导向，各部门相互配合，共同为微信运营出力的团队。从企业微信运营的环节来看，微信团队至少要有 5 个人，分别是新媒体策划人员、美编、推广人员、内容编辑、客服人员。在某些情况下，一个人还可以同时充当其中两个甚至多个角色。企业微信运营团队的构成如图 4-9 所示。

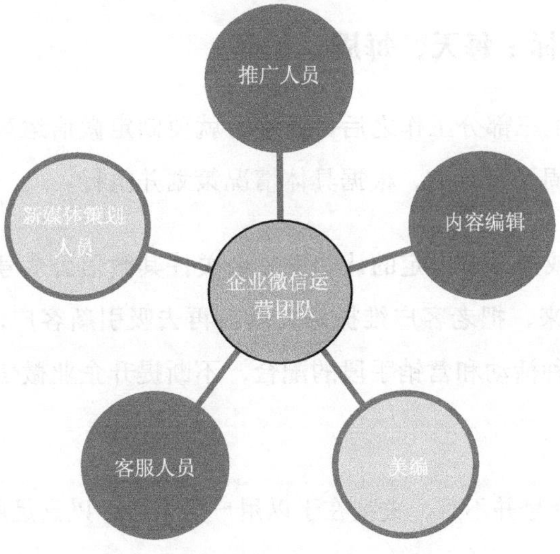

图 4-9　企业微信运营团队的构成

（1）新媒体策划人员的工作职能主要是策划活动和内容，目标是通过策划粉丝感兴趣的话题，引起用户参与，加强用户互动，使用户对公众号产生黏性。

（2）推广人员的工作职能是推广企业微信公众号，包括线上、线下两种渠道。推广人员的主要任务就是为企业微信公众号吸引精准粉丝。

（3）内容编辑的工作职能是撰写内容，并收集粉丝对内容的反馈。内容编辑工作做得好，有利于策划人员制定出更好的内容策划。

（4）美编的工作职能是进行图文编排、设计内容的文字版式及图片的美工。美编的工作如果做得好可以锦上添花，但如果设计失当，就会成为败笔。

（5）客服人员的工作职能主要是提供微信客服支持，并收集粉丝的反馈意见。粉丝收到的语音问候、享受的语音聊天、解答问题等服务都是客服人员提供的。

除了以上工作，团队还应当每周安排会议对微信运营数据分析汇总，进行总结、归纳和分析。

4.6.4 制定目标：每天、每周、每月

在规划好以上三部分工作之后，紧接着就要制定微信运营目标了。目标可以分为每天、每周及每月的，根据具体情况策划并执行。

用户对企业或产品有一定的认知度才会关注其微信公众号，所以企业需要先把老客户加进来，把老客户维护好之后，再去吸引新客户，持续增加粉丝。吸引粉丝需要各种活动和营销手段的配合，不断提升企业微信公众号在特定领域的影响力。

规划微信公众号并不难，关键在于以用户为中心，以满足用户需求为目标。

5

公众号内容标准化生产模式

5.1 内容筹备三大方式
5.2 差异化展现内容
5.3 文章排版
5.4 推送时间
5.5 和“2016 年第一网红‘papi 酱’”学内容运营
5.6 新晋网红“咪蒙”微信公众号一条广告价值 32 万元

标准化生产是指使用一种共同的可以重复使用的规则进行生产活动。在工业生产活动中，标准化生产有利于在一定范围内获得一个良好的秩序，解决实际或者潜在问题。这种模式同样适用于微信公众号的内容生产上。本章我们一起来看看公众号内容标准化生产模式是怎样的。

5.1 内容筹备三大方式

在公众号内容标准化生产模式中，内容筹备是第一个环节。一般，微信公众号的内容筹备主要有三种方式：一是招募写手创作；二是自己创作；三是从相关渠道转载。

5.1.1 招募写手创作

对于原创型公众号来说，招募写手是一个非常好的方法。这样可以保证公众号源源不断地产生原创内容，增加公众号内容的可读性，只是需要付出一定的成本。下面，我们一起来看看乐阅书会微信公众号在 2016 年 2 月 18 日推送的《写手招募 + 原创文章征集》的文章。

如果你是个情感知音

或者经历了些什么，又得到了些什么

你也许向往自由

或者不满于现世乱流

你有一肚子的感受无法宣泄

那么来吧，亲爱的，加入我们！

来自乐阅书会的微信订阅号“乐读（leread）”，现需招募长期合作写手（可兼职、全职），有意者请先投稿。

文章内容：

情感故事、成长心路、热点议论、职场心得、自由灵魂，只要你想，只要能写。

文章要求：

（1）字数不限，最好图文并茂。（建议在800字～2000字）

（2）不人云亦云，话题新鲜，观点新颖有趣，最重要的是能让人感同身受。

（3）兼顾文章的微信传播性，在标题上要足够吸引人。

（4）内容为原创，不能有侵犯版权的内容存在，未在其他平台发布过，并授权“乐读”订阅号作为首发原创来源。

（5）如果有过微信内容编写经验更佳。

你将可以得到：

（1）文章的作者署名权。

（2）月合格文章发布量达到8篇及以上可签约为专栏写手。（合格文章：经发布且阅读量>1千人次）

（3）文章一经使用，发布后三日内阅读量过千则给予一定的稿酬。

欢迎小伙伴们热情举荐，踊跃参与哦！

投稿文章发至邮箱：×××××。

具体合作联系乐读QQ：×××××。

小编在线时间：周一至周五，9:00～17:30。

请先投稿后联系哦，谢谢！

最后需要注意的是，招募写手都是为了获得原创内容。因此，在招募写手的时候，一定要强调内容的原创性，如果对方的文章已经在别的公众号打上原创的标签发布，那么就不能再次使用其投稿，否则会面临侵权问题。

5.1.2 自己创作

自己创作内容是所有的微信公众号运营者都会遇到的问题，因为生产原创内容是最好的内容筹备方式，最容易吸引粉丝关注，获得粉丝的喜爱。如何创作一篇优秀的、用户喜欢的文章呢？单篇文章的生产流程如图 5-1 所示。

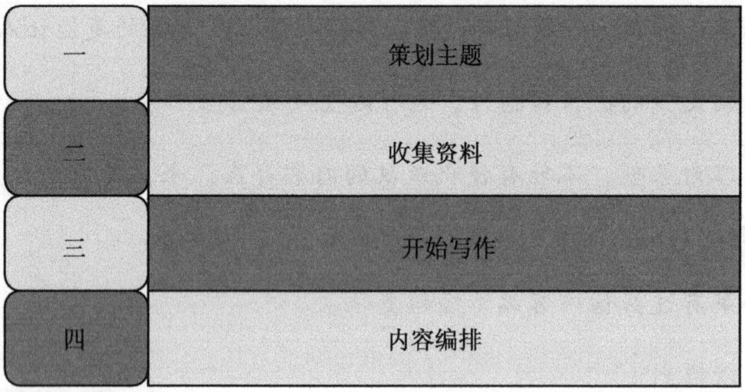

图 5-1 单篇文章的生产流程

1．策划主题

策划主题是整个内容生产流程中最重要的部分，只要选题和策划做得好，生产一篇优质内容就不在话下。一般，如果策划做得好，即使内容只有五六十分，用户的阅读量和传播效果也不会差。但是如果策划很失败，即使内容写得很好，阅读量和传播量也不会太好。

2．收集资料

策划主题之后，就可以收集整理资料了。比如，如果你确定的主题方向是“最富有的十大星座”，那么接下来的工作就是收集富豪排行榜上大亨们的星座；如果你确定的主题方向为“新媒体运营人的生存报告”，就可以做好问卷寻找目标群体填写；如果你确定的主题方向为“‘papi 酱’现象的背后”，就需要把“papi 酱”火爆前后的事情彻底查一遍。收集资料是一个费时费力的过程，需要有足够的耐心。

3．开始写作

开始写作是自己创作内容的主要部分，考验的是写作基本功，需要长年累月地学习和反复练习。开始写作时，创作者可以先明确内容框架，再逐一填充细节。“先搭框架，再填充内容”最大的好处就是当你的框架构建好之后，不用担心写到一半中断的问题，而且你把一篇文章分成几次来写也没有问题。

4．内容编排

内容编排包括内容的组织和呈现，观看网上的排版教程就能学会。需要注意的是，每一个公众号都有自己某种固定的编排风格，不能经常变换。因为用户阅读时会慢慢形成一些特别的认知和阅读习惯，假如你的编排风格一直在更换，一定会给用户带来阅读烦恼。

假如，某公众号之前的文章都是用 20 号字、黑体、双倍行距，如果某天突然变成了 18 号字、宋体、单倍行距，用户可能就会因感到不适应而取消关注。

从长期来看，微信公众号内容体系的运转很难做到篇篇都是精品爆文，这时，内容的筹备需要讲究策略。以“三节课”微信公众号为例，其内容团队只有三个人，他们需要同时维系微信公众号、36 克氢、知乎专栏、百度百家等一系列内容阵地。如果他们在筹备内容方面没有策略，是没办法运营至今的。

“常规内容保底、爆款内容重点突破”是长期内容规划的常见策略，也是“三节课”使用的策略。对一个内容创作者来说，生产 60 分及以上的内容是比较容易的，但做 90 分以上的内容就比较耗费时间和精力。对用户来说，如果你的内容每天都是六七十分的内容，不到一个月，用户就会失去耐心从而取消关注。但是让你每天都提供 90 分以上的内容又不太现实，因此，最合理的方法就是让平常的内容维持在 60 分以上，同时每隔一两周便推送一篇 90 分以上的内容刺激用户。

电商网店的“爆款”策略就是这个道理：通过少数一两款极具吸引力的爆款产品将用户拉入自己的店铺，然后通过相关推荐等其他手段向用户推荐其他产品。

而这些爆款内容的具体生产方法和单篇文章的生产流程是一样的。

5.1.3 转载渠道

互联网最大的魅力在于为用户提供了海量、即时的信息，是转载渠道依存的空间。公众号内容运营者需要关注以下三类渠道：微博、微信、QQ、人人网、知乎、豆瓣等社交媒体；网易、新浪、搜狐、腾讯等新闻客户端；大量的竞争对手公众号，如图 5-2 所示。

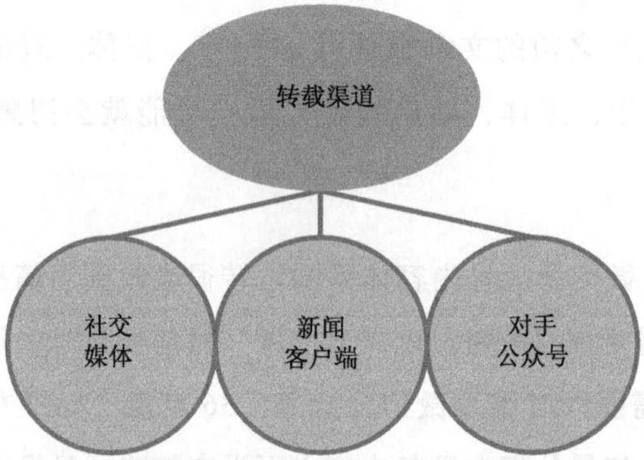

图 5-2　内容运营者应当关注的转载渠道

相关渠道的某些内容如果符合自身微信公众号的定位，就可以进行转载。转载的优质内容在一定程度上缩短了用户获取优质信息的流程，也能受到一些用户的喜爱。

新闻客户端、社交媒体是优质内容的聚集地，公众号的内容运营者应当时刻保持关注，一旦发现优质内容立即收藏。需要注意的是，在转载时，一定要注明转载来源，尊重他人的版权。

对手公众号与自身的定位相似，可以直接获取精准内容。如果你关注了 50 个竞争对手的公众号，就会有 50 个老师教你怎样做好公众号的内容运营，而你要做的就是超过所有的人。对手是最好的老师，你可以从收到的消息推送里，找到适合自己公众号的内容进行转载。依靠关注对手公众号获取素材，需要在对手选择上做好把控。

一般，我们只需要关注与自身定位最相似的几个对手公众号，因为对手公众号太多，逐个点击查看会非常耗时。因此，公众号内容运营者在查找、筛选转载内容之前，应当对可持续关注的公众号进行整理、更新，保证转载文章的质量。

5.2　差异化展现内容

目前微信公众号内容的展现形式主要是文字 + 图片，而且扁平化的展示风格非常直观。然而长期单一的图文形式会让用户产生视觉疲劳，因此公众号运营者要重视差异化展现内容。内容形式差异化表现在语音、视频推送、互动游戏等。“罗辑思维”每天都会推送一段 60 秒的内容语音导读，用户可以通过关键词获取自动回复内容，语音和内容完美地结合在一起。

5.2.1　主要形式：图文

微信公众平台将公众号的内容制作称为图文编辑是有道理的。由于扁平化、易于传播等特点，图文成为大多数公众号使用的内容展现形式。需要注意的是，在编辑图文时，运营者不能以网站的思维进行编辑，因为用户是使用手机浏览微信的。

与文字相比，图片往往更加直观。有时候一张图片可以表示一个故事，一张图表可以替代一个长篇文字报告。生动有趣的图片让公众号内容看起来不那么枯燥。比如，胡辛束总是用很趣味、很温暖的语言去说情感故事，再加上生动的手绘插图让粉丝们欲罢不能。因此，即便胡辛束总是发广告粉丝们依旧不反感。

5.2.2 粉丝最爱：语音、视频

2016年6月18日，脸书(Facebook)的欧洲、中东和非洲运营主管尼古拉·门德尔松（Nicola Mendelsohn）在伦敦的会议上表示："五年后，脸书将变成彻底的移动产品，那时人们分享的或许全部是视频。"这种观点引起了很多人的反对，毕竟文字在人类文明的发展过程中扮演着非常重要的角色。不过，尼古拉·门德尔松还表示："文字内容不会全部消失，因为你们必须为视频创作文字。"

尼古拉·门德尔松的观点在一定程度上显示了视频对文字的颠覆作用。"视频是讲故事最好的方式，这种内容形式以更快的方式为我们传递了远多于文字的信息。所以，这种趋势在帮助我们获取更多信息"。尼古拉·门德尔松说。

另外，脸书创始人兼CEO马克·扎克伯格（Mark Zuckerberg）也指出："视频对脸书越来越重要，文字已经过时，被动画和语音取代。"

你有没有发现微信朋友圈里的文字消息已经越来越少，取而代之的是各种录制的短视频。语音和视频的崛起还在一定程度上造就了直播网红的火爆。

如今，公众号需要抓住这种趋势，运用语音和视频吸引粉丝的关注。比如，"明白学堂"微信公众号推送的内容都是与性有关的知识，它把性知识讲得非常有趣，将贴近我们生活的性知识用很生动有趣的文字、图片及小视频说出来，不仅不会让人觉得情色，反而让人非常受用。

5.2.3 引发互动：趣味测试游戏

趣味测试游戏也是公众号可以使用的内容展现形式之一。趣味测试游戏就像谜语一样，向用户讲述一个有趣的故事，用户看完之后对于答案有着强烈的好奇及求知欲。这时，你可以把答案公布在下一期推送的内容里，如果用户想知道答案就必须持续关注公众号。这种方法可以加强用户互动,提高用户黏性。毕竟人人都有好奇心，有些人在不知道答案的时候甚至会躁动不安。网上有很多趣味测试游戏，大家可以时常推送此类内容留住粉丝。

5.3　文章排版

微信公众号文章的排版效果与文章的最终呈现直接相关。排版效果是用户对文章的第一印象，排版看起来舒服，用户就会继续阅读，反之，则有可能放弃阅读。文章排版是非常有技巧的，下面我们总结了微信公众号文章排版的一些实用经验，为了自己的公众号持续焕发生命力，希望大家可以认真研究一下。

5.3.1　避免使用大段文字

如果编辑图文消息时使用大段大段的文字，用户浏览时就需要不停地翻动页面，用户浏览就非常费力。如果真的需要大量文字，运营者应当学会将其分成小段，并且尽可能地使用简练的语言。用户浏览公众号信息就像看路边的广告牌一样，如果是不符合用户浏览记忆特点的布局段落，用户转眼就会忘记。

5.3.2　图文信息要有层次感

除非用户非常无聊，否则是不会花费大把时间慢慢浏览我们推送的文章信息的。大多数用户几乎没有专门玩手机的时间，一般都是利用坐车、吃饭、上厕所、走路等碎片化时间玩手机。在这些时间里，用户看手机用的是浅层的注意力，这就要求我们推送的公众号文章具有层次感，易于用户吸收。最好的层次次序是大标题—中标题—小标题—图片—文字，如图 5-3 所示。如果没有从大到小的结构，内容全部堆在一起，用户查看的时候会不知从何处看起。

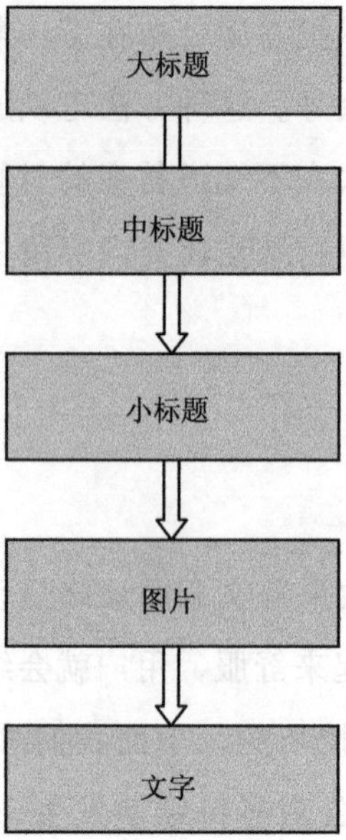

图 5-3　公众号文章最好的层次次序

5.3.3　选择符合自己风格的一两个工具和网站

一些微信大号不使用任何第三方排版工具，但是大多数微信公众号还处于发展期。发展期的公众号使用第三方排版工具可以提升工作效率，并且有利于寻找适合自己的固定板式。下面，我们来看三款排版工具，如图 5-4 所示。运营者可以任意套用，最终确定自己的风格。

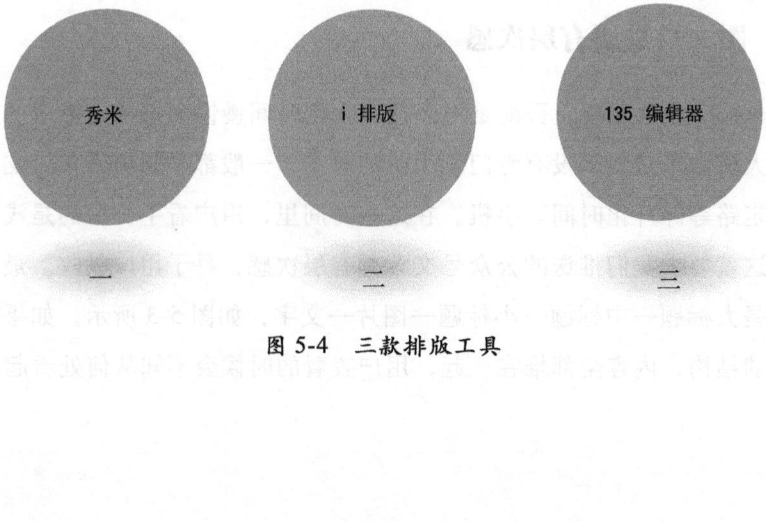

图 5-4　三款排版工具

1．秀米

秀米是出现较早的排版工具，只有使用谷歌浏览器才能保持正常，不然随时会出现问题。对于排版初学者来说，这一工具的板块固定，比较好用，但自由发挥空间太小。

2．i 排版

i 排版是排版工具中的后起之秀，整体风格简洁清新，可以添加各种小符号，颜色也非常多。i 排版最大的优势是可直接调整整体页边距，一般情况下整体页边距为 1。如果正文中有引用的段落或者其他特殊段落，也可以单独将其页边距设置为 2，或改变字号，使整体非常美观。

3．135 编辑器

135 编辑器最大的优势是可以选择文字颜色色值，拥有基本图标等各种板式。然而，135 编辑器的每一个模板的套用都非常复杂，很容易出现套用混乱的现象。运营者只有将内容复制到微信公众号后台预览时才会发现这种情况，而且不知道出现问题的原因，只能从头再来。

以上三种工具适合各种不同类型的公众号文章排版，除此之外，市场上还有很多排版工具。猎掌门微信公众号主要使用 i 排版和 135 编辑器两种工具，在 i 排版调整页边距和行间距之后，再整体复制到 135 编辑器，调整字体颜色，达到简洁的目的。

另外，一些国内外的图片网站也是必备的。根据公众号定位，运营者可以选择不同风格的网站，但是在使用图片时需要注明原作者。下面推荐静态和动态两种图片网站。

1．静态图片网站

静态图片网站如图 5-5 所示。

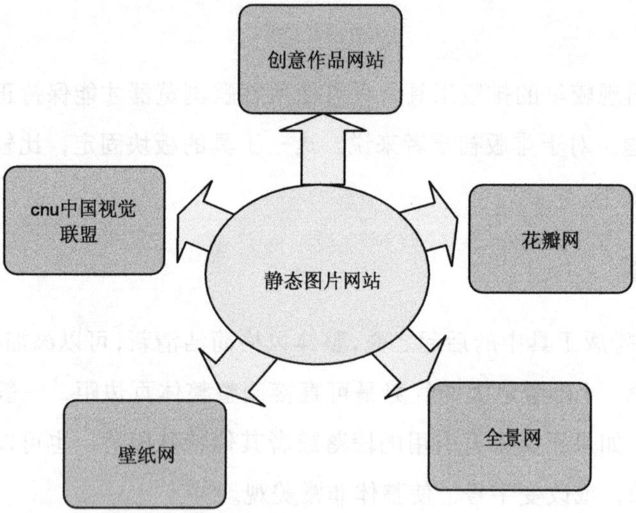

图 5-5　静态图片网站

1）cnu 中国视觉联盟

cnu 中国视觉联盟的网址为 http://www.cnu.cc/。该网站主打黑白视觉系照片，网站作品都有原作者，使用时标明作者即可。

2）创意作品网站

创意作品网站网址为 https://www.behance.net/。该网站主打各种色彩鲜明有格调的高清图片，使用时也需要标明作者。

3）花瓣网

花瓣网的网址为 http://huaban.com/。该网站主打各种类型的文艺图片，图片像素也非常高。花瓣网独家推出的朋友圈配图更是满足了各种搞笑的风格，很多公众号运营者都收藏了该网站。

4）全景网

全景网的网址为 http://www.quanjing.com/。该网站包含所有类型的图片，但是大部分都是收费的，只有一部分图片是免费的，运营者可以自己寻找。

5）壁纸网

壁纸网的网址为 http://www.wallpapervortex.com/。该网站包含的图片类型繁杂，分类比较模糊，运营者需要根据自己的需求自行筛选，图片均为高清。

2. 动态图片网站

动态图片网站如图 5-6 所示。

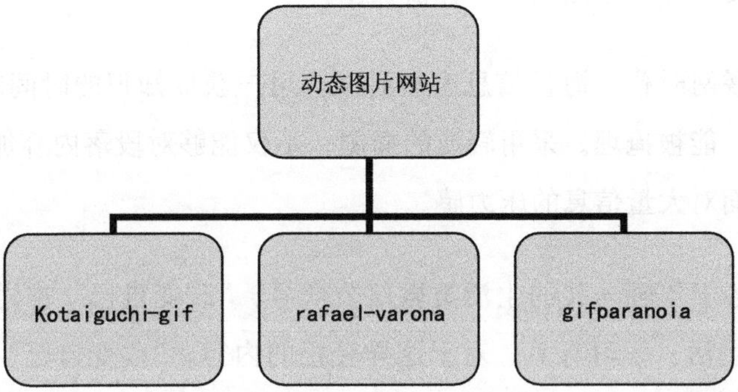

图 5-6　动态图片网站

1）Kotaiguchi-gif

Kotaiguchi-gif 的网址为 http://kotaiguchi-gif.tumblr.com/。该网站的图片形式简洁好用，但是提供的素材较少，大部分是一位日本设计师用汉字灵感做出来的各种形式的动图。

2）rafael-varona

rafael-varona 的网址为 http://www.rafael-varona.com/。该网站的动态图片精巧呆萌，具有后现代的风格。无论是小清新，还是重口味，各种类型的公众号都能在此找到适合自己的素材。

3）gifparanoia

gifparanoia 的网址为 http://upload.chinaz.com//paranoia.org/。这个网站上的动态图片效果非常好，进入该网站之后，你会感觉整个画面都是动的。

试用了解以后选择符合自己的一两个工具和网站就足够了，平时闲暇的时候进行分类收藏整理，使用起来会更得心应手。

5.3.4 图文排版高手——“改变自己”

“改变自己”是一个传递积极向上观念的微信公众号。其文章统一采用漫画形式，一篇文章配一幅漫画图，给读者清新雅痞之感。在设计文章插图时，“改变自己”始终坚守一个原则——轻松轻盈。

移动互联网时代，海量信息席卷而来，用户获取知识的时间越来越有限，冗长的内容只能被掩埋。采用轻质的插图，不仅能够对段落内容加以说明，也能缓解用户面对大量信息的压力感。

作为服务于年轻一代的生活类微信公众号，“改变自己”推送的文章内容大多与日常生活、学习有关。对于这样轻松的内容，“改变自己”的运营者将文章配图卡通化，通过一些风趣幽默的插图形式表现出来，而且使用的画面非常简洁，大幅度增强了图文内容的趣味性，使粉丝在阅读时感到非常放松。

“眼睛能留住耳朵会忘记的东西。”这就是文章得以存在的原因，而图文并茂的文章，除了提供给读者必要的信息之外，还留给读者一定的想象空间。“改变自己”通过独具特色的图文排版赢得了广大年轻人的心。

5.4 推送时间

根据数据统计，早晨七八点、中午十二点左右、下午六点及晚上十点左右是公众号文章推送的最佳时间段。然而，有观点认为公众号推送应当避开高峰期，降低竞争压力。公众号运营者到底应该选择什么时间推送文章呢？下面，大家一起分析最佳推送时间。

5.4.1 时间固定，让用户养成依赖

每一位用户都有自己独特的生活习惯，但是总体来看，人类的生活习惯是有规律可循的。通过对微信公众号因为推送时间不同而产生的阅读量不同的数据结果进行分析发现，微信公众号推送时间是有技巧可言的。

其中，保证推送时间的固定性，形成推送时间规律，让用户养成依赖习惯是关键。固定的推送时间有助于培养用户对公众号的信任，建立长期良好的稳定关系。

数据结果显示，早上七八点、下午六点是上下班高峰期，大家喜欢利用在公交或地铁上的碎片化时间阅读；中午十二点是吃饭休息时间，大家会利用空档时间看手机；晚上十点左右，大家已经忙完一天的事情，准备上床睡觉。在睡觉之前，有更多的时间阅读公众号推送的文章。

我们建议，如果你的公众号推送的内容可以进行快速阅读，比如是小段子、小常识、笑话等“快消品”，那么你就可以考虑在用户的碎片化时间推送。因为“快消品”类的内容不需要用户集中精神去深度阅读，只要进行浅层阅读即可；但如果你的公众号内容需要深度阅读，那么你可以考虑在晚上十点以后推送，因为晚上安静的时候最适合思考。

但如果你的公众号带有“晨读”“十点”“午间”“夜话”等提示时间的字眼，而且已经培养起用户的阅读习惯，那么最好坚持原来的推送时间，不要轻易改变。

另外，由于每个公众号的定位和推送内容特色不同，所以运营者还可以做用户调查，让用户选择最佳推送时间。做调查时可以设置三个调查项，一是问用户最喜欢的公众号是哪一类型，判断自己的公众号受欢迎的程度；二是问用户关注了多少个公众号，判断自己有多少个竞争对手；三是问用户希望公众号在什么时间推送文章，判读最佳推送时间。

考虑到每个公众号的情况不同，运营者可以根据自己的实际情况对推送时间进行有效调整，以便阅读效果最大化。

5.4.2 文化类公众号之首——“十点读书”的推送时间设置

如图 5-7 所示，我们可以看到，在 2016 年 7 月 22 日微信公众号排行榜文化阅读类榜单中，“十点读书”以 4314386 次的 7 日平均阅读数排名第一。

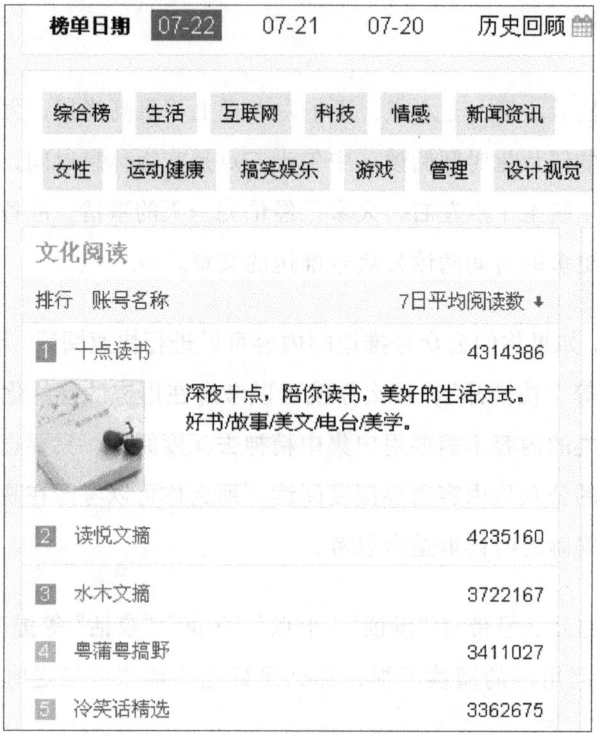

图 5-7 “十点读书”微信公众号排名

“十点读书”的创始人林少是毕业于福建省集美大学的工科男。林少不仅热衷互联网，还是一个十足的文艺青年，于是他开始做“十点读书”，逐渐踏上创业之路。

“十点读书”最初是从微博做起的，其微博粉丝的爆炸增长源于一次不经意的转发赠书活动。此后，转发赠书活动成为“十点读书”微博的常态，就连李开复、任志强、小 S、佟丽娅等名人都主动为他们做过宣传，并使得“十点读书”吸引了更多粉丝。在微博粉丝即将达到 30 万人时，林少及“十点读书”的运营团队开始布局微信公众号，而公众号的爆发性增长也是他们意料之外的。

截至 2016 年 7 月，“十点读书”的订阅用户达到 700 万人，而且每天保持六七千人的增长速度。“十点读书”每天推送的文章头条的阅读量都在 50 万次以上，即使不是头条，也基本可以达到 10 万次以上。早在 2015 年 8 月底，“十点读书”微信公众号就获得国内著名财经作家、“吴晓波频道”公众号运营者吴晓波的 300 万元天使投资，估值达到 3000 万元。事实证明，吴晓波的决定是非常正确的。

“十点读书”推送的文章头条大部分是情感、励志美文。其标题设置得非常走心、排版简洁美观、故事具有场景感，再加上主播柔美的声音，总是能够牢牢牵住用户的心。“十点读书”的口号是 ：“深夜十点，陪你读书，与你共享暖心的文字，做你最美的晚安。”“十点读书”从来不做标题党，也不会先声夺人，如果你只看了开头几行，也许会立刻返回。但是如果你已经忙完一天的工作，带着欣赏的心情视听全文，那么你一定会为故事中的某一点打动。

运营初期，“十点读书”推送过好书、美文、书单、电台等内容。经过一段时间的验证，“十点读书”发现最受用户欢迎的是美文，于是便把美文当作一个栏目固定下来置于头条推送。随着公众号的发展壮大，“十点读书”的读者群也逐渐稳定下来。

“十点读书”除了用心筛选内容以外，其推送时间把握得也非常好。“十点读书”每天都是在晚上十点推送文章。上面提到，晚上十点是一个阅读高峰期，适合推送一些可深度阅读的内容。而“十点读书”就恰好这样做了，在这一固定时间推送一些比较温暖励志的文字。

"十点读书"的推送时间深度迎合了读者的阅读习惯和阅读心理，使其文章的传播率不断提升，公众号粉丝也不断增多。在"十点读书"微信公众号之外，林少开始尝试做动漫、电影等其他垂直领域的公众号，还开办了线下读书会、涉足电台领域等。谈到"十点读书"公众号的成功，林少说："微信公众平台给予了我们很多的用户红利，而我们也在平台上做出了好的内容。"

5.5 和"2016年第一网红'papi酱'"学内容运营

前面讲到"papi酱"通过短视频内容的多媒体分发成功蹿红，被人们称为"2016年第一网红"。事实上，"papi酱"所做的内容也是经过精心运营的，其内容运营功底也是促使"papi酱"火爆起来的原因之一。接下来，我们就和"2016年第一网红'papi酱'"学内容运营。

5.5.1 选择易于传播的话题

作为内容创业的一个成功典范，"papi酱"只是舞台上的一个演员，演绎着内容运营对粉丝产生的巨大魔力，56微播江湖、飞碟说及万合天宜都运用过这种模式。

自媒体及主播们每天都在思考的三件事情就是说什么、怎么说、说得怎么样。要想让粉丝乐意埋单，关键是选择他们关心的内容，让他们愿意加入互动，写和演都是如此，这就是话题的选择。

"papi酱"所说的内容定位于"80后"和"90后"人群，大多是他们生活中、职场中已经发生的、正在发生的及未来将会发生的事情，所以具有很高的关注度和认同感。另外，"papi酱"所说的内容大多针对批判性强、适合传播的问题，因此总是能够引爆传播。

在所有的视频中，"papi酱"永远都处于兴奋的状态，情绪点极高。就像田径运动员在比赛过程中思考对手的追赶一样，是一种高速的类似黑客帝国的快速思维状态。这种思维具有敏捷、快速、创新等特点，在我们普通人的生活和工作中非常少见。因此，这种状态下的人往往可以超常发挥，收效远远超过预期。

5.5.2　语言选择：多网络语

“papi 酱”的语言选择艺术值得推敲，几乎每三句话就有一个小高潮。“papi 酱”善于使用电单、自讼、口语等技巧，而且剪辑非常到位。每次拿到对白台本，“papi 酱”都会综合联系多元素角色，测试场景扮演，挑战不同条件下的身份转换。在实际运用中，“papi 酱”多用短句、陈述句、缩写词、简单词，发音变化及拼写倒置等技巧都给人耳目一新的感觉。尽管这种支离破碎的网络语言不是“papi 酱”创造的，但是她把这种语言的效果发挥到了极致。

另外，“papi 酱”非常善于把控节奏，总是能够在视频刚开始的几分钟内让大家快速进入话题场景。“papi 酱”快捷的语速常常让观众还来不及思考，就跟随她进入话题转换。在话题转换过程中，“papi 酱”还会制造悬念，让大家产生兴趣点和紧迫感，这样观众就很容易把思想和感情转移到“papi 酱”个人身上。

5.5.3　诱导方式：插入式评论

在每一个视频中，“papi 酱”都会使用“我是‘papi 酱’，一个集美貌与才华于一身的女子”总结式的诱导。这种总结非常自然，容易让观众接受，大多数观众都会顺着情绪引导，进入完整角色的过渡。另外，像“当时就懵的我……”这种插入式的评论引导代替了读者的思考，往往能给人留下深刻印象。

有人说：“互联网时代每三秒就有一个新人，但是她们都是短暂的。”有人说：“从互联网思维，到社群，到网红经济，每一个概念都如此闪耀。”不管“papi 酱”的火爆能否长久，我们都不能否认其内容创业的巨大成功。

5.6 新晋网红“咪蒙”微信公众号一条广告价值32万元

在网红世界里，除了人尽皆知的“国民老公”王思聪、“2016年第一网红‘papi酱’”之外，还有一个微信原创写手成为新晋网红，她就是“咪蒙”。在2016年6月网上疯传的《中国最贵自媒体排行榜TOP100》数据报告中，“咪蒙”微信公众号排名第八，一条广告的价值就达32万元以上。

5.6.1 四个月创作70篇“10万+”微信文

自称女流氓的“咪蒙”自2015年9月15日在微信公众号发文开始，截至2016年年初一共发了70篇文章，篇篇阅读量达到10万以上，还有些超过了100万。截至2016年6月7日，“咪蒙”微信公众号的粉丝数已经超过300万，文章阅读量最高达到512万。“咪蒙”创作的文章主要涉及感情观、感情答疑、影评、个人形象塑造四个方面的内容，如图5-8所示。

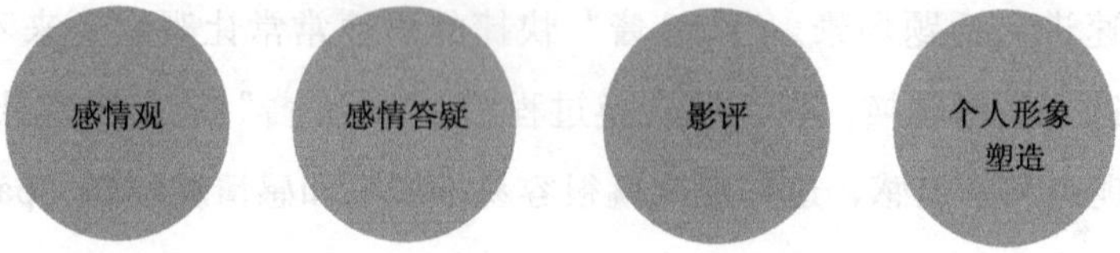

图5-8 “咪蒙”创作的四类文章

1. 感情观

涉及感情观方面的文章包括《夫妻间最大的矛盾是什么？阶级！》《为男人付出多少？底线是：你要输得起》《最高级的浪漫，就是柴米油盐鸡毛蒜皮》《只要前任老死不相往来，世界将变成美好的人间》等。

2. 感情答疑

感情答疑类文章一般都是多数人感兴趣的话题，比如《异地恋怎么才能成功呢？》《如何对付爱搞暧昧的男人？》等。

3．影评

紧跟热点、有观点有态度是写影评最重要的一点。从紧跟热点看，在 2015 年 9 月 25 日《港囧》上映时，“咪蒙”写了影评。在 2015 年 9 月 30 日《夏洛特烦恼》《九层妖塔》《解救吾先生》上映时，“咪蒙”也立刻跟进了影评。从有观点有态度看，当读者对一个模子出来的影评产生审美疲劳时，另辟蹊径就显得很重要。“咪蒙”在文章中说过：“切入点要独到，因为热点话题一出来，所有公众号都会写，相当于命题作文，不能人云亦云。”

在大多数公众号都在讨论《港囧》不如《泰囧》好笑的时候，只有“咪蒙”站在赵薇在电影中的角色立场写了大多数人都没有看到的部分——《港囧：斗小三的正确方式是，你要有很多很多的钱》。这篇文章在一周内的阅读量就达到了 100 万以上；在其他公众号都在谈论《夏洛特烦恼》有多么搞笑的时候，“咪蒙”却从另外的角度出发，写了《夏洛特烦恼：男人为什么总想搞自己的初恋？》，等等。

4．个人形象塑造

“咪蒙”塑造了自己鲜明的个人形象，包括“又矮又胖”“厨艺很好的吃货”“孩子他妈”等。从她写过的一些文章中可见一斑，比如《我承认，我就是个没尊严的吃货》《我，一个矮子的史诗》《看书是我治疗自卑的唯一方法》《80 本最棒的幼儿绘本推荐》《我是如何成功地把一家公司开垮的》等。

经过个人形象塑造，我们认识了活生生的、有感情的、平凡却努力的“咪蒙”，而不是高不可攀的“白富美”，拉近了“咪蒙”与粉丝之间的距离。

5.6.2　自成特色：有用、有趣、共鸣、安全感

“咪蒙”之所以受到粉丝追捧，与其建立的特色不无关系，如有用、有趣、共鸣、安全感，如图 5-9 所示。

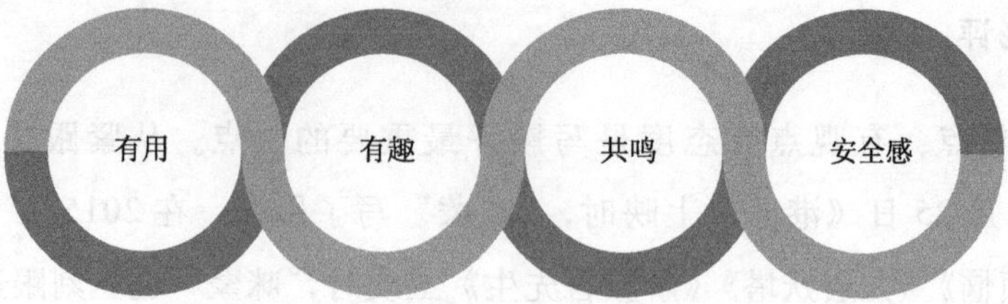

图 5-9 “咪蒙”文章的特色

1．有用

用户关注任何信息，首先考虑的一定是对自己有没有用，如天气、交通、美食等新闻资讯和增量信息都是对用户有用的。“咪蒙”写的《女人到底想要什么样的惊喜？》的潜台词就是“如果你不懂女人，我的文章会对你有用”；《如何对付爱搞暧昧的男人？》的潜台词就是“如果你遇到爱搞暧昧的男人不知道怎么对付，我的文章会对你有用”；《十一长假宅在家里看什么剧？》的潜台词就是“十一长假没有旅游宅在家里不知道看什么剧，我的文章会对你有用”。

2．有趣

有趣的内容对粉丝具有致命的吸引力，市场潜力也非常大。比如，做出冷笑话精选微博大 V 的“飞博共创”上市了，其创始人 CEO 伊光旭已经身价过亿。“咪蒙”写的《我，一个矮子的史诗》《我承认，我就是个没尊严的吃货》《我是如何成功地把一家公司开垮的》都是非常有趣的文章，很多人留言说“笑得肚子疼”。

3．共鸣

共鸣就是“与我有关”“这怎么像是在说我”“不转对不起自己”。“咪蒙”公众号的内容大多为原创，而且常常紧跟热点，用“泼妇”姿态抨击社会上的冷漠人性。这种“辣鸡汤”式的文章总是能够击中用户痛点，引起用户强烈的共鸣。

例如“咪蒙”创作的《致 ××》系列文章阅读量已超过百万，这些文章都是以生活中常见现象作为切入点，如一个人从来不和你联系，一联系就是借钱，你如果不借给他就说你冷血；朋友圈纷纷转发一条关爱动物，呼吁不要再杀生的文章，你如果不转发就说你没有爱心等。对于别人的指控，我们从来不解释，只能默默承受，而“咪蒙”却把这些用略带诙谐幽默、撒野及精准的怒斥批判出来，让读者直呼过瘾。

“咪蒙”写的《为什么我们要这么拼？》抓住学霸、北漂一族的痛点，让他们自愿传播；《〈康熙来了〉教坏我们的那些事》在康熙粉丝圈中疯传；《当我说“你吃饭了吗”，我说的是“我好想你啊”》让那些正在暧昧中的人们默默转发。

4．安全感

不同的人对于安全感的理解也是不同的，而“咪蒙”通过朴实的自我形象及高频率的互动让粉丝对她产生了信任感及忠实的黏性，而安全感则基于认识和信任感。

6

公众号内容运营技术汇总

6.1　基于平台特性找段子

6.2　如何设置回复内容

6.3　互动法宝：微信签到积分功能

6.4　积极回答粉丝发言

6.5　玩转小米式参与感

公众号内容运营是公众号运营的一个重要部分。上一章我们讲了如何生产内容，本章我们主要讲如何提升内容的质量，并使用一些运营技巧使粉丝与内容产生互动，提升粉丝的活跃度。

6.1　基于平台特性找段子

有趣有料的段子具有天生的优势，粉丝们会因为身心愉悦主动为企业提供免费的广告宣传。在市场上企业发布的信息都是赤裸裸的广告内容的情况下，一些为用户提供价值的趣味性段子就自然而然地受到粉丝们的追捧。在为用户提供段子的时候，公众号运营者要考虑到自身平台特性，基于自身特性找段子。

6.1.1　确定公众号的人格魅力

粉丝数之所以与影响力不等，是因为影响力的根源是人格魅力。我们会发现，网络上火爆的红人自媒体公众号远远多于企业公众号，因为自媒体公众号比企业公众号有着更大的影响力。自媒体公众号的主体是个人，天然具备人格化属性，有态度、有个性、有亲和力、充满智慧。一般，人格属性越强，人格魅力越大，公众号的影响力越大。

那么，我们怎么为公众号增添人格魅力呢？答案是“回归自身，保持自然，说真话”，因为一个人唯有做自己的时候才是最有魅力的。公众号的内容实质就是运营者思想的延伸及品牌意识的传达。

如果你是一个幽默的人，那就将俏皮话讲给粉丝们听；如果你是一个文艺小青年，那将你的内容变得诗情画意也能增色不少；如果你擅长手绘，亲自为你的文章配图可以展示你的才华。尽量不讲空话套话，也不要隐藏你的喜怒哀乐……

“papi 酱”之所以成为2016年新晋网络红人，备受追捧，正是因为她具有鲜明的人格特性。做真实的自己，不讨好别人是很多成功的自媒体人具备的特征，如韩寒、罗振宇等。企业公众号完全可以借鉴自媒体模式，逐渐塑造人格化形象，是俊美暖男、知心姐姐、睿智大叔还是萌妹子？企业应当根据自己的受众特征考虑自我定位，然后在自我称呼、语言风格方面根据自身的人格化定位尽量强化。持续如此，企业公众号也能有血、有肉、有人情味。

6.1.2 微博、知乎是段子产地

众所周知，微博和知乎是两个盛产段子的平台，所以互联网用户打发业余时间都喜欢去这两个地方。知乎日报曾经发表文章认为：“一个段子由两个元素构成：结构和梗”。

一般，段子的结构分为三种，如图 6-1 所示。这三种结构涵盖现存 90% 以上的段子和冷笑话。

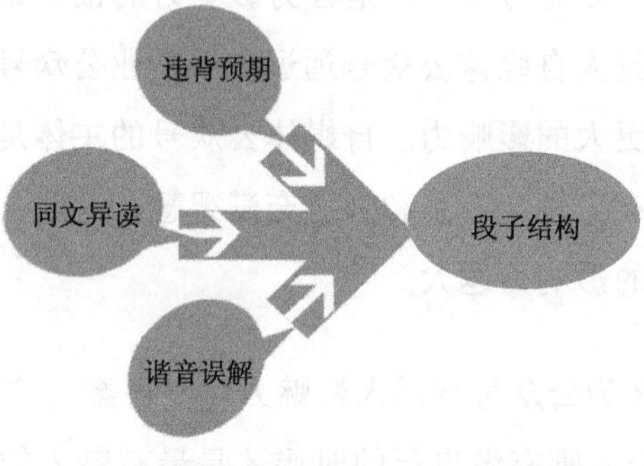

图 6-1　段子的三种结构

1．违背预期

违背预期是一种比较高级的段子创作手法。首先，创作者需要先设定一个情景，让读者想当然地代入自己的惯性思考。其次，创作者需要设定至少一个包袱，在最后抖出包袱的时候让读者有一种被戏耍的体验。阅读段子的乐趣就是这样产生的。用这种方法创作段子最有成就感，可以体现创作者极大的智力优越。

创作者的内心是这样想的：我会让你们猜得中开头，猜不到结尾。读者的内心是这样想的：在这种情景下发生这种事儿，怎么会呢？

例如，美国的离婚率竟然达到 50%！这真是让你震惊……居然有 50% 的婚姻走到了尽头呢；我们学校男女比例失调，我们班 40 个人有 38 个女生，然后，然后，那两个男生居然还在一起了，等等。

2．同文异读

同文异读是指用逻辑、故事背景、知识背景、语调、多义词及同音字制造歧义，让听者获得不寻常的体验。这种创作方法需要受众与创作者有相同的知识背景及生活体验，才能抖响包袱，风险较大。但是一旦发挥效力，受众与创作者都能得到智力优越体验。

与违背预期一样，同文异读也是创作段子的高级手法。这种表现方法在戏剧和脱口秀中经常能见到，具有跨地域、跨语言的优势。美国电影之所以火爆全球，其中一个重要的原因就是它们经常使用预期违背和同文异读，讲全世界都能听得懂的笑话。陈佩斯的小品《警察与小偷》围绕一个小偷冒充警察与真警察相遇展开，有了这样的故事背景做铺垫，陈佩斯和朱时茂的每一句对话都是绝佳的同文异读典范。

3．谐音误解

谐音误解的创作手法是指让听者听错或听漏一句话，从而引出一连串误解。这种创作段子的手法是最初级的、学习门槛比较低。然而，谐音误解存在语言隔阂，在不同语言间的传播效果很差。

讲完段子的结构，接下来我们一起看什么是梗。梗，即你要表现的主题，也就是包袱、笑料等。结构及创作手法是固定不变的，但是梗可以时常更新。

在微博中，比较流行的梗包括地域梗、霸王龙小短手梗、韩国整容梗、金刚不坏诺基亚梗……

在创作段子时，你需要先想好要做的梗是什么，然后在考虑使用哪一种创作方法，最后就是组织语言。创作段子是个技术活儿，和天分没有太大的关系。公众号运营者需要做的是了解这些方法，然后锻炼语感和喜剧的嗅觉，坚持从不同的方向思考。

6.2 如何设置回复内容

自动回复是公众号留存用户的重要手段，具体的留存率是多少则与自动回复设置的内容是否吸引人有关。将后台自动回复设置到位可以提升用户体验，而用户体验是所有公众号运营者都非常关注的事情。将自动回复做好了，后期只要看内容就可以了。

6.2.1 被添加、消息及关键词自动回复设置

当我们拨打电信运营商客服电话的时候，会听到“号码归属地查询请按‘1’，余额查询请按‘2’，充值缴费请按‘3’，返回上层请按‘#’号键”等内容。这种关键词自动回复可以给用户一个不错的用户体验，在微信公众号运营中同样适用。下面，我们一起来看看如何使用微信公众平台设置关键词回复。

（1）登录微信公众平台，选择“高级功能”（前提是微信公众号已经通过认证），如图 6-2 所示。

（2）选择编辑模式，开启并进入编辑模式，如图 6-3 所示。

（3）进入设置之后，我们会看到被添加自动回复、消息自动回复、关键词自动回复三项。

被添加自动回复是指有新用户关注该公众号之后，系统自动发送给用户的信息。对于用户体验来说，这种友情提示有利于建立起用户对公众号的第一认知。当用户关注后，系统自动回复的内容根据需要可以在此处设置，建议简短一些。

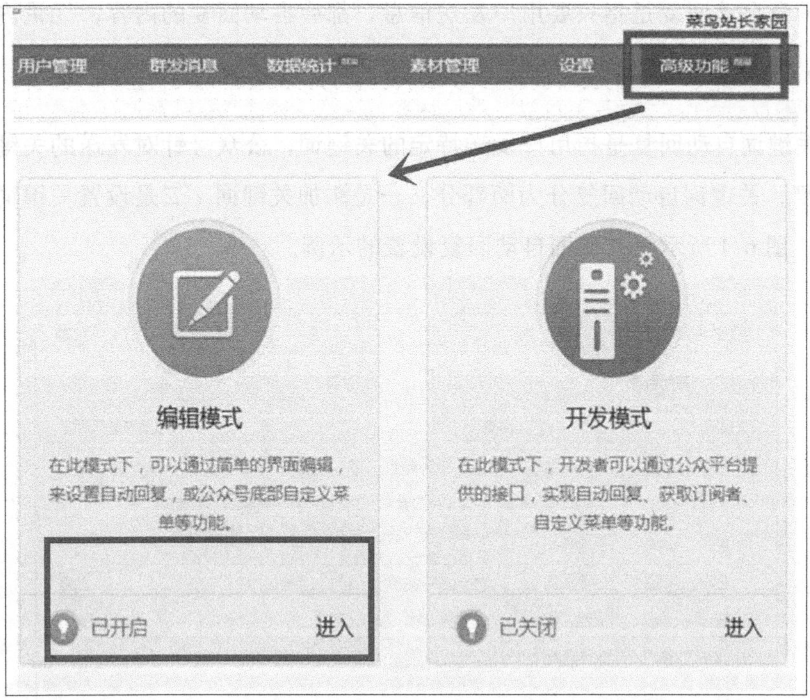

图 6-2　高级功能编辑模式

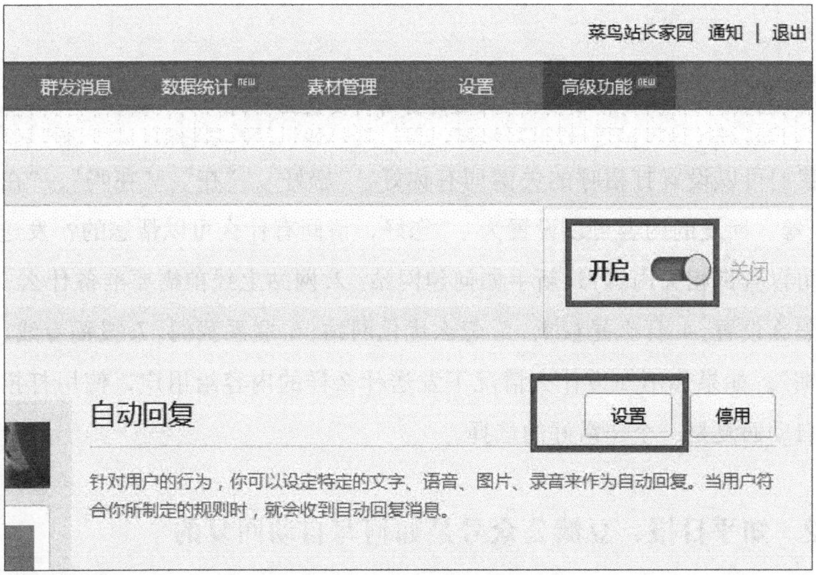

图 6-3　开启编辑模式

消息自动回复是指只要用户发送信息，都会自动回复的内容，无论内容是什么。自动回复的内容就是在“消息自动回复”栏中设置的。

关键词自动回复是指用户发送特定的关键词，公众号针对发送的关键词进行答复。关键词自动回复分为两部分，一是添加关键词；二是设置关键词回复内容。图 6-4 所示是关键词自动回复设置的示例。

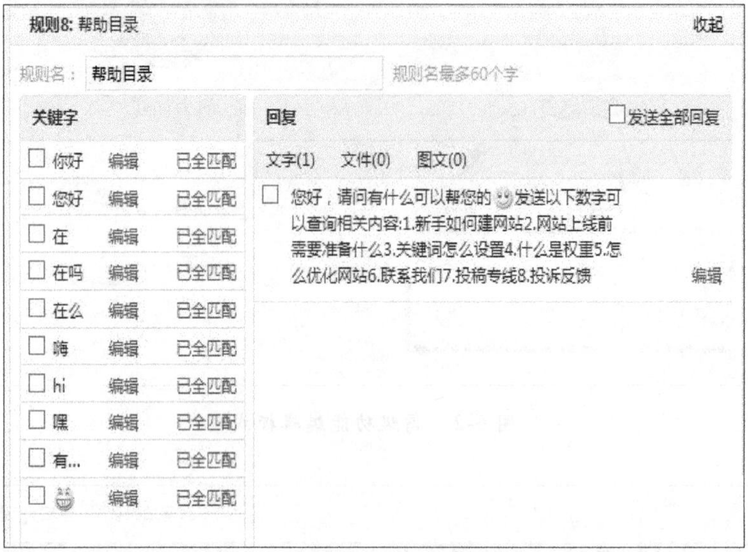

图 6-4　关键词自动回复设置示例

我们可以设置打招呼的关键词有你好，“您好”、“在”、“在吗”、“在么”、“嗨”等。回复的内容可以设置为：“您好，请问有什么可以帮您的？发送以下数字可以查询相关内容：1. 新手如何建网站。2. 网站上线前需要准备什么。3. 关键词怎么设置。4. 什么是权重。5. 怎么优化网站。6. 联系我们。7. 投稿专线。8. 投诉反馈”。如果你不知道什么情况下发送什么样的内容给用户，使用打招呼关键词自动回复是一个非常好的选择。

6.2.2　知乎日报、豆瓣公众号是如何写自动回复的

如图 6-5 所示，知乎日报公众号的自动回复为：“好开心，你也来啦！我

是人见人爱的知乎日报，有个患有选择困难症的懒主人，她每天从二十多条知乎日报内容里挑出两到三条发给你。这个过程非常痛苦，我们总是意见相执，时常吵架。所以我要悄悄告诉你，回复‘1’或前往 App Store、各大安卓市场下载就可以看到我剩下 9/10 的模样。祝你今天有个好心情！”其文案特点有三点：一是具有趣味性，让用户感觉温暖；二是关键词互动；三是推荐 APP 下载。

如图 6-6 所示，豆瓣公众号的自动回复为：“感谢你关注豆瓣官方微信！我们会收集最新鲜的热点内容，推荐在豆瓣中的精彩生活，帮你发现你可能感兴趣的未知事物，它可能是一本图书、一首单曲、一个设计师品牌、一种美食、一个旅行地点。也欢迎你告诉我关注渠道和缘由，有机会赢豆瓣明信片和环保袋哦！查询书影音和同城活动信息，请下载豆瓣 APP：http//suo.im/igdbc，8800 万人给你做顾问。”

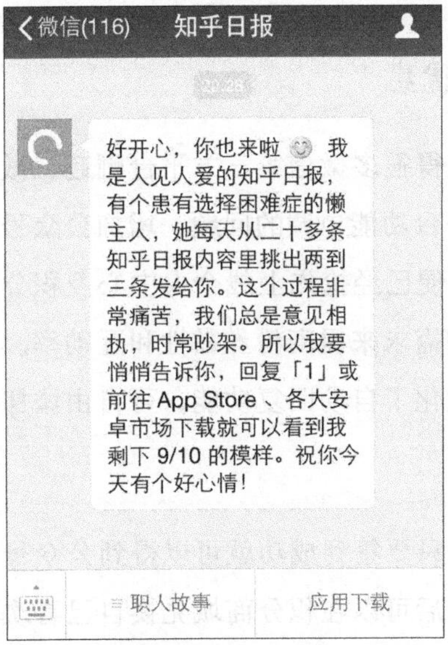

图 6-5　知乎日报公众号的自动回复

图 6-6　豆瓣的自动回复

知道用户增长的主要途径，就能把优势途径加强，减少无效渠道的资源分配。虽然人工调研用户来源比较耗费时间和精力，但是做一下统计还是非常有必要的。豆瓣的微信公众号深知这一点，所以迫切想要知道用户的来源，然后用奖品吸引用户。除此之外，豆瓣公众号还告诉用户自己的用途并向用户推荐 APP。

综上所述，公众号运营者应当重视自动回复，引导用户如何使用这个平台，并让用户有一种热情而温暖的感觉。如果新关注的粉丝看到自动回复之后，会有下一步的行动配合你，说明你的自动回复还是比较成功的。

6.3 互动法宝：微信签到积分功能

如果没有互动，粉丝就有可能变成“僵尸粉”。如何提高公众号和粉丝的黏性，让粉丝成为铁杆粉呢？微信签到积分功能是一大互动法宝。通过签到可以培养粉丝的忠诚度，积分可以为粉丝带来优惠。

6.3.1 签到培养忠诚度，积分带来优惠

微信公众平台的功能比较单调，这使得很多微信第三方平台崛起，微库便是其中之一。微库致力于解决微信公众平台功能单调的问题，增加公众号与用户的互动。早在微信 5.0 上线之前，微库便已经抢先上线个人中心及积分商城功能，配合积分系统增加粉丝对公众号的需求来提高粉丝黏性和互动率。随后微库还独家首发了微信签到功能，同时优化了自动回复功能，可自由添加任意功能模块。

使用微库的微信签到功能，用户每次只要签到成功就可以得到公众号预先设定好的积分奖励，而积分累积到一定量后可以在积分商城兑换自己喜欢的礼品。另外，微库的签到功能还可以对粉丝首次签到、后续签到及重复签到设置不同的回复。这一功能意味着企业可以有选择性地向粉丝推送消息、活动信息或新品展示。

签到积分功能是一种具有延续性的形式，不仅因为积分奖励受到了粉丝的欢迎，还有利于公众号提高粉丝的持久活跃性，并且能借此机会主动将需要展示的消息传播给粉丝，从而有效解决互动量低的问题。

另外，微库也使被添加自动回复的形式变得更加多样化。在微库模块及规则的支持下，被添加自动回复已经实现了图文消息、语音、视频、游戏及微信主页等内容的回复。在这种情况下，公众号可以根据自身特点自行选择合适的开场形式，让自动回复变得更个性化、直观化。

6.3.2　橙 e 网公众号“每日签到赢大礼”活动

使用微信签到积分功能的公众号非常多，其中平安银行旗下的橙 e 网因为这一功能受到了众人关注。2016 年 5 月，橙 e 网推出了令情侣们狂赞的“欧洲双人游”大礼包，情侣们只要关注橙 e 网微信公众号，坚持每日签到就有机会获得国内双人游甚至欧洲浪漫双人游奖励，价值上万元。

该活动于 2016 年 5 月 20 日之前开展，在橙 e 网的微信菜单栏设置每日打卡签到。粉丝每签到一次就能获得一个积分，积分越多可以得到的奖励越丰厚，连续多日累积签到还可以获得额外奖励，包括移动电源、话费、大礼包、华为运动手环、iPhone7 等礼品。

此外，“每日签到赢大礼”活动还专门设置了情侣签到奖励，情侣二人只要共同连续签到至 2016 年七夕（2016 年 8 月 9 日）就拥有国内双人游的抽奖机会，连续签到至 2017 年 5 月 20 日就拥有欧洲浪漫双人游的抽奖机会。

有人计算过穷游欧洲十国的成本，人均花费在两万元以上，这还不包括跟团的花费，更不能买东西带手信。也就是说，欧洲十国十天双人游的消费成本至少为 4 万元。橙 e 网“欧洲双人游”大礼包对粉丝的福利可谓是货真价实，而且也受到了粉丝们的追捧。因此，橙 e 网的“每日签到赢大礼”活动预告一经发出，粉丝直呼“好期待，橙 e 网真豪气”，还有粉丝称“说爱容易，签到太难”等。

"活动设置的初衷是让恋人体验为共同的目标一起努力的过程，希望有情人终成眷属。"平安银行橙 e 网微信公众号运营者表示。

微信签到积分功能非常实用，用户只要动动手指就可以完成。而且，运营者还可以根据自己的财力状况设置活动奖项，随着签到时间的长短给出明确的对应奖品。因此，公众号运营者应当有效利用这一功能，积极与粉丝互动。

6.4 积极回答粉丝发言

积极与粉丝互动有利于增强粉丝的黏性，让粉丝愿意一直跟随你。在公众号上，运营者应当重视与粉丝之间的互动，及时回复粉丝的发言。公众号对粉丝发言的回复直接影响粉丝对公众号的印象，并对公众号的受欢迎程度有着极大影响。

6.4.1 粉丝发言的六种类型

对于公众号运营过程中粉丝的发言，我们总结为以下六种类型，如图 6-7 所示。

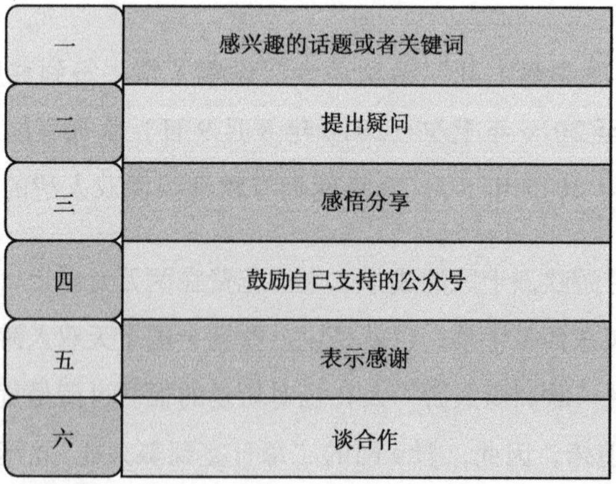

图 6-7　粉丝发言的六种类型

1．感兴趣的话题或者关键词

对于粉丝感兴趣的话题或者关键词，公众号可能已经设置了消息自动回复。但是如果公众号并没有相关文章，你需要告诉他查看所有历史文章目录并表示接下来会创作更多的关于他感兴趣话题的文章，到时候会分享给他。

2．提出疑问

如果粉丝向公众号提出疑问，运营者应当根据自己的知识储备给出一个答案，如果自己回答不上来，也可以请教业内人士来回答这些问题。粉丝有可能提问的问题包括“你觉得 ×× 创业项目怎么样？”“公众号运营过程中的 ×× 问题怎么解决？”“新媒体推广怎么做？”“这个产品的设计是否合理？”，等等。

3．感悟分享

一些忠实粉丝有回复读后感的习惯，比如看完公众号推送的某篇文章之后，将自己的想法发送给公众号。这时，你可以回复他自己对于该篇文章的想法，跟他一起学习进步。

4．鼓励自己支持的公众号

很多粉丝对于自己支持的公众号从来不吝啬鼓励，比如他们会回复“你们的文章很实用，都是干货”“我喜欢你们的内容，继续努力”之类的鼓励的话。这时，你需要对他们的支持和鼓励表示感谢，还可以附上一些优美的备料及心灵鸡汤之类的话语。

5．表示感谢

粉丝可能参加了公众号举办的线上或线下活动，或者收到了你赠送给他的礼物，因此特意对你表示感谢。这时，你应当祝贺他的幸运，并欢迎他继续参加下次活动。

6. 谈合作

粉丝不仅仅是粉丝，还有可能成为你的客户或者合作伙伴。如果粉丝直接通过公众号互动来谈合作，比如微信互推、广告投放等，那么你需要对其进行标注，看看是否有合作的机会，并告诉他会在什么时间将结果告知他。

6.4.2 “飘柔 Rejoice”的陪聊式微信对话

随着李易峰、杨洋等鲜肉新星受到众多品牌哄抢签约代言，“男色营销”正大行其道。作为一个紧抓时代脉搏，永远保持一颗年轻的心的品牌，飘柔在2015年“双十一”购物狂欢节营销活动中借势男神热点与话题矩阵，成功抓住了女性消费群的心。

这是一个竞争激烈，不进步即被淘汰的时代。对于品牌来说，如果不想成为历史，必须借助不同的平台优势与消费者进行深度沟通，让他们对品牌产生信任与依赖。毕竟，熟悉是任何后续发展的第一步，而缺席就意味着毫无作为。

飘柔便是一个与时俱进的品牌。作为保洁旗下主要的品牌之一，飘柔始终坚持以消费者为中心的品牌数字化，致力于构建与消费者长效的沟通机制，无缝对接消费者，从而使其成为一个能引起消费者共鸣、永远年轻的品牌。

在微信公众号大战中，飘柔当然没有缺席。飘柔的官方微信公众号为“飘柔 Rejoice”，主打陪聊式微信对话。只要关注“飘柔 Rejoice”，用户就能进入飘柔真人版对话模式，认识能聊天又能唱歌的“小飘”。由于陪聊式的对话更有针对性，所以飘柔投入了大量的人力成本。

最初运营的时候，飘柔公众号有勇敢去爱、飘柔微信会唱歌、星座、小飘我要聊天、轻松一下五个栏目。其运营特点也有五个：一是栏目足够多；二是内容丰富，并且植入品牌；三是品牌与用户的互动建设完善；四是劳逸结合，推广品牌时为用户带去了欢乐。

随着APP开发的火爆，飘柔又积极布局，联合新浪微博、腾讯 Qzone 两大社交平台推出“秀出来，勇敢爱”定制 APP。该 APP 不仅能够对用户头像进行匹配，还可以结合兴趣爱好、地域、共同话题等信息推荐与你最匹配的人。飘柔通过这种方式鼓励大家勇敢爱，从而获得一顺到底的爱情，不仅“收买”了单身用户的心，还进一步深化了品牌内涵。

此外，该 APP 还可以帮助用户选择自己的朋友，查看与恋人或者倾慕对象的夫妻相指数。该 APP 上线一个月之内便在新浪微博平台积累了 1100 多万话题量。

6.5　玩转小米式参与感

利用粉丝经济一炮而红的小米紧跟移动互联网的时代潮流，在开启了微信公众号之后一发不可收。截至 2016 年 8 月，小米的微信公众号粉丝已经超过 500 万，这在企业类微信公众号中属于超级大号。小米式参与感在其微信公众号运营中依然发挥着重要作用。

6.5.1　小米公众号百万粉丝养成记

小米的微信公众号可直接实现小米各型号手机的预约购买，可进行话费充值和订单查询……然而，这些具体的功能都不是小米公众号运营所追求的终极目标。据了解，小米手机的微信公众号运营团队只有 9 名客服人员，这 9 名员工每天都要回复上百万粉丝的留言。

一般，小米的 100 万粉丝每夜都会产生上万条留言，等待小米微信公众号客服人员第二天的解答。每天早上，当 9 名小米微信运营人员打开电脑，登录小米的微信公众号后台时，忙碌的工作就开始了。粉丝们的留言千奇百怪，有人问如何购买小米手机，也有人问刷机用线刷好还是卡刷好。小米自己开发的微信公众号后台会将这些留言中带有“订单”“刷机”“快递”等字眼的一部分留言自动抓取出来，分配给客服人员，客服人员会一对一地对微信用户进行回复。

小米利用微信公众号加强了与粉丝之间的互动联系，并且进一步提升了粉丝们的品牌忠诚度，有超过 40% 的小米微信粉丝会经常参与小米微信每月一次的大型活动。微信公众号的开启大大拉升了小米的销量。

在微信公众号红遍全球的时候，很多企业都与小米一样开始开设自己的微信公众号。然而，我们接触的大部分企业都不知道如何对自己的微信公众号进行定位，更不知道怎样通过与粉丝的互动有效地拉动销售。企业对微信公众号的需求甚至养活了一批骗子，一些地方的微信营销培训班居然将课程炒到了 1 万多元，然而不管他们怎么讲，都讲不出几个成功案例，小米的经验或许值得许多企业参考。

小米公众号一半以上的粉丝来自其官方网站，其中 40% 以上的粉丝都来自站内活动。因此，小米官方网站每周一次的小型活动，以及每月一次的大型活动是真正让小米粉丝猛增的原因。

其中，每年 4 月 9 日米粉节期间，小米公众号上开办的有奖抢答活动都会为小米带来上万的新增粉丝。与此类似的还有每年 3 月举办的“非常 6+1”活动，为期三天的活动也能为小米带来上万粉丝。活动期间，用户关注小米微信公众号就可以参与抽奖，奖品包括小米手机、小米盒子等小米产品，或者优先购买比较紧俏的机型的权力。这些奖励对用户的吸引力非常大。

6.5.2 雷军公众号发文表示当“网红”有些爽

作为小米的领头羊，雷军非常重视与用户互动，打造用户参与感。2016 年 4 月 22 日下午 15 时，小米直播 APP 上演了雷军直播首秀。直播期间，观看用户累计超过 8 万人，雷军本人狂收星票超过 21 万张，创下小米直播 APP 测试以来的最高纪录。这次直播不仅曝光了小米最新产品小米手环 2，疑似小米 Max 的大屏手机也出现在画面中，引发观众无数猜测。

直播第二天，雷军通过其个人公众号更新了一篇文章，名为“直播真是太好玩儿了”。文章讲述了其在小米直播 APP 的直播经历，同时，雷军还在文中正式宣布了 2016 年 5 月 10 日召开的小米夏季新品发布会。

从文章内容我们可以感受到，雷军非常享受直播过程，认为做网红非常爽。下面是雷军文章原文。

我想跟大家宣布一个消息：小米将在 5 月 10 日召开小米 2016 年夏季新品发布会。届时，全新的小米 Max 手机将会和大家见面。不少朋友和米粉都在向我打听这款新手机的一些细节，请大家再耐心等待几天，5 月 10 日，我会跟大家详细来聊聊这款新产品。

应该还有很多朋友，在今天下午早些时间就已经知道了这个消息。因为我今天第一次玩了直播。手机直播服务是最近互联网上比较热的新玩法。我通过“小米直播”直播了我在济南参加的中国企业家俱乐部绿公司年会。直播真是太好玩儿了，就连 Facebook 的创始人扎克伯格都说“我一下子就被直播迷住了”。

真是没有想到，一共有 8 万多名网友观看了我的直播。我的同事告诉我，这个数字和大网红们相比还有一点距离，不过勉强还是可以算一个小网红了。

对各企业来说，小米提供了一个很有价值的样本，即把用户当作朋友，加强与用户互动，打造用户参与感，而不是单纯地因微信营销而运营微信公众号。

7

公众号内容运营的四大禁忌

7.1 向产品经理推送娱乐八卦

7.2 转载各大媒体随处可见的文章

7.3 杂乱无章，什么都发

7.4 直白的广告植入

微信公众号最主要的就是文字沟通，所以成败均系于此。为什么这么说？因为糟糕的内容会对公众号起到反作用，还不如没有内容。因此，公众号不管是只发两句话也好，还是只发一篇文章也罢，都需要慎重操作。公众号内容运营中的常见误区有四个，本章进行具体论述。

7.1 向产品经理推送娱乐八卦

以“91 运营网”为例，其目标受众为电子商务、产品经理及移动互联网运营方面的专业人士，因此他们不会向用户推送心灵鸡汤、娱乐新闻等内容，因为他们的用户最想看的是“互联网产品运营干货”。公众号运营者，只要清楚自己的粉丝是谁，他们喜欢什么，就应当不会犯“向产品经理推送娱乐八卦”这样的错误。

7.1.1 方向不对，一切努力都没有用

为了精准定位公众号的内容运营方向，在推送内容之前，运营者需要做市场背景分析，明确自己的受众，即接收推送信息的群体。一方面，公众号的受众属于传播学范畴，具有受众的一般意义。另一方面，公众号的受众的概念又是特定的，指传播过程中的公众号信息接收方。

以法国护肤品牌美林为例，公司从年龄构成、学历学识两方面调查了目标受众构成。目标受众的年龄构成为 18～35 岁，学历基本为本科以上。公司对受众进行了细分，如图 7-1 所示。

核心受众为 22～25 岁的年轻白领，对新媒体有强烈的偏好；潜在受众为 18～22 岁、26～35 岁的群体；外围受众为小于 18 岁或大于 35 岁的群体，通过引导，这部分消费者可以成为潜在受众。

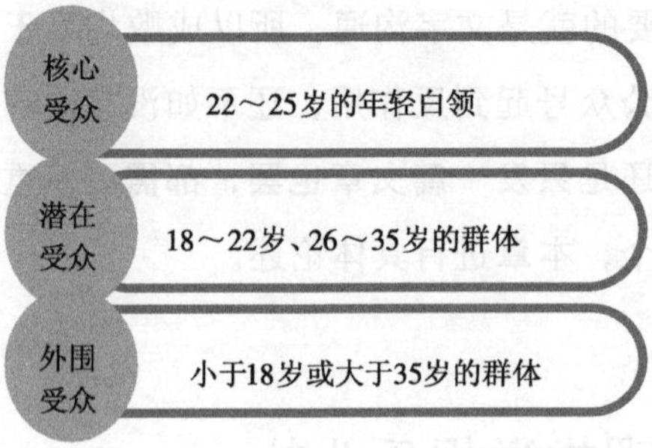

图 7-1　受众细分

公司对目标受众特征进行了分析。受众主要为年轻白领，购买力强，平均月收入为 4500 元左右，大多数为中层管理人士和专业人士。明确了产品的目标受众之后，美林公司在官方微信公众号推送了一篇文章。文章以科学技术进步为护肤美容带来里程碑式的飞跃开篇。“年龄是女人永远不会提及的秘密。而在漫漫护肤历史中，最值得一提的，就是基因和干细胞这两大重要而具有划时代意义的科技。这两项技术，特别是在皮肤抗老化方面，更显得比传统抗老化产品来得有效和具有持续性。”

文章详细在为受众讲述比基因 DNA 技术更先进的干细胞如何抗皱护肤，以及介绍了干细胞对皮肤健康的重要性后进入主题：“美容界干细胞领域研究先驱美林，早在 20 世纪，就开始致力于干细胞的研究。美林公司美妍中心发现了干细胞的杰出功效，能够显著再生肌肤，修复皱纹，这项科研发现的重要性，等同于 20 世纪发现 DNA。”文末推出了美林夜间修复系统，并介绍了其显著功能。

在护肤品行业，女性为主要受众，企业的微信公众号应当推送吸引女性受众的内容。例如一篇题为《凭什么战胜小三，捍卫婚姻主权》的文章就投其所好，以一位中年妻子的口吻讲述了通过自我提升战胜小三的故事，吸引了大量女性朋友阅读。

方向对了，才能够考虑盈利模式，因为盈利模式与公众号定位是一致的。

比如上述两个案例讲的都是护肤品类公众号，如果它们的内容吸引来的男性比女性更多，那么在后期推广面膜与化妆品就会很困难。做好定位之后，就需要考虑盈利模式了。我们的内容需要与用户需求一致，而盈利模式与公众号定位也是一致的。如果你做公众号为的是推广面膜与化妆品，那么粉丝就应该是女性。因此，微信公众号的定位是重中之重，无论盈利模式是什么，只要定位和阅读量做好了，后期的收入是很可观的。

7.1.2 市场星报公众号的专业定位

市场星报是安徽省合肥市的一家都市报，是合肥市唯一一家不隶属于任何报业集团的报纸。2013 年，市场星报开通了官方微信号，当时的微信用户只有 3 亿个。截至 2016 年，市场星报的微信公众号已经成为当地权威媒体公众号的领头羊。

最初，市场星报的公众号只是将报纸的电子版作为内容发布在公众号上，这种情况延续到了 2014 年夏天，其单条内容的阅读量连 1000 次都不到，这让“市场星报”微信公众号的运营团队焦虑不已。据市场星报总编陈宝红说 ：“跟都市报注重发行圈地一样，微信的阅读量一旦公布，无形中各家就开始了比较。”

该怎样提升文章的阅读量呢？在分析了竞争对手及自己的现状后，陈宝红得出了答案 ：“从熟悉的地方开始做，做报社最擅长的内容，做用户最感兴趣的内容。”

安徽某高速公路上曾经发生一起连环车祸，市场星报的记者第一时间赶到现场，并立即将线索和现场图文通过 QQ 群通报给了报社。随后，微信团队小编在 30 分钟内编辑结束并完成消息推送。当天，这条微信的阅读量超过了 30 万。市场星报社的官方微信也凭借此条微信首次进入微信公众号综合影响力全国排名的前十（由微信公众号“刺猬公社”发布）。

“市场星报”公众号在明确了专业定位之后，开始专注于推送第一手资讯，并对信息进行另类解读，达到让用户轻轻松松阅读的目的。为了实现这一效果，“市场星报”公众号开启了一个新栏目——《懂安徽》，发掘安徽的人文历史底蕴，并制作成搞笑的微信段子。此栏目推出的《一个，安徽》《安徽各地市的名片出炉了，看看你的家乡是什么？》《我是安徽，这是我的简历，请多多指教》等文章的阅读量都超过了10万次。

2015年，市场星报启动全媒体中央厨房的制运作模式，将50多名记者、编辑武装起来，组成全媒体采编队伍，对新闻事件进行24小时直播，更加通畅地为其官方公众号提供了第一手资讯。如果哪一篇文章在发布一周之内的阅读量超过了10万次，市场星报的编委会会对该文章的记者、编辑进行奖励，奖金最高可达千元。这种奖励极大地刺激了采编团队对微信公众号组稿的积极性。

截至2016年，市场星报社还开设了安徽24小时、星报画廊、星报小记者、炒股经、惠生活、炫生活等十余个微信系列子公众号，共同形成市场星报的微信公众号矩阵。

专业的内容定位为市场星报社官方微信公众号带来了上百万的粉丝，于是广告商也主动找上了门。2015年11月19日推送的《60元能干啥？安徽人来这里，有吃有喝有礼物》是一条电器企业的广告；而2015年12月4日，推送了一条《搞定了芜湖妹子的郭富城，会用什么讨好丈母娘》的消息，实际上是一条房地产广告。

据市场星报的总编陈宝红介绍，市场星报的公众号从焦虑期到可以主动选择广告仅仅用了1年的时间，而其运营经验就是为用户提供立足差异化的专业内容，做自己擅长的“微”文章。

7.2 转载各大媒体随处可见的文章

当一个微信公众号发的文章在各大媒体上随处可见时，用户还会对这个公众号感兴趣吗？答案是不会。当大多数公众号都在发同一篇文章时，大家更是会对同质化的信息感到麻木。微信公众号不生产自己的特色内容而是做各大媒体的内容“搬运工”，这是非常让人心寒的。

7.2.1　同质化信息导致审美疲劳

转载各大媒体随处可见的文章是很多微信公众号存在的问题之一，这一问题也导致了当前微信公众号内容信息同质化现象。微信公众号的内容到底是应该坚持原创还是选择“爆款”？

2016 年 5 月 1 日，广州日报微信公众号推出一篇原创文章，当天阅读量就超过 10 万次，在当天的报媒公众号文章排名中名列前茅。这篇爆款文章名为《多宝鱼、桂花鱼、花甲、蛏子被验出抗生素超标！这些东西你还敢吃吗？》。

在随后的一周时间里，当地数十家微信公众号对这篇文章进行了转载。与此同时，环球时报微信公众号推出的《所有警察都怒了！这么干只会害了更多孩子》的原创文章也有数十家同行公众号进行转载。

业内人士研究发现，除了各大媒体推送的原创新闻信息以外，一些健康服务类信息、热点社会事件等内容也是同质化现象严重的内容领域。另外，不重视时效性的生活百科及心灵鸡汤式情感类美文更是被频频转载。在早上或者深夜，用户的微信朋友圈里出现的带有“荐文”“夜读”等字眼的文章应当不下几十篇。

转载是在经过原作者同意或标注来源的前提下转发第三方媒体的内容。因此，很难从法律法规与职业道德上对转载进行谴责。微信公众号为什么会出现转载肆虐的现象？其根本原因是公众号运营者普遍以阅读量和粉丝数作为考核公众号影响力的标准，于是迫于无奈选择追逐舆论热点、健康服务及心灵鸡汤式美文等阅读门槛较低、与读者生活相关度高的文章。

微信公众号出现的内容信息同质化现象让用户产生了审美疲劳，这也是用户对公众号关注后又取关的主要原因之一。对微信公众号来说，强化运营、鼓励原创、拓展盈利，是解决内容同质化的根本方法。与此同时，微信公众号影响力的评价标准也必须同步转变。

微信公众号应该如何良性发展，建立起口碑，从而提升公众号的影响力和公信力呢？

首先，通过专人专写生产内容。微信公众号要想避免抄袭和转载，应当从建立特色内容出发，针对用户特点生产用户喜欢的内容。如果可以为自己的公众号寻找一个固定的原创作者，或者寻找专业的投稿圈子进行约稿，应该可以获得不错的发展。

其次，为公众号创建专业的运营团队。专业的事情应当由专业的人来做，现在的公众号运营团队已经向专业化发展，有的甚至开起了培训班，收学生教学。这样专业的运营团队运营的公众号不可能不好，获得的用户关注度也非常高。

最后，注意让盈利反哺运营。文章的阅读量及用户关注度是影响微信公众号盈利的主要因素。阅读量的提升一般会带来更高的流量主收益及广告收益等。盈利不是终极目的，公众号运营者应当让盈利反哺运营，使公众号发展进入一个良性循环。

综上所述，微信公众号只有生产优质内容，让用户认可公众号的内容，支持自己的长远发展，才能让公众号得到广度和深度上的口碑相传。

7.2.2 原创手工作坊成粉丝最爱

在工业化大生产时代，批量生产将生产过程复杂、价格高昂的产品变得更易被人接受。然而，一些具有独特审美价值的艺术品却因为机械化的复制变得庸俗不堪，失去了独有的审美价值。

微信公众号内容创作本身是个人化、纯手工的技艺，尤其是以威廉·曼彻斯特（William Manchester）为代表的非虚构写作传统，最看重精心构思和遣词造句。然而，当前的内容创作也加入了工业化、商业化的潮流。在互联网大数据的背景下，甚至出现了由软件自动生成的内容稿件。

在内容同质化大环境下，用户开始追捧一些专业性强、精耕细作的优质产品。一些以个人和手艺为核心竞争力的产品获得了出乎意料的成功，比如“罗辑思维”“大象工会”等。人们对海量的同质化信息内容已经厌倦，将欣赏的目光转向这些精心生产文字的手工作坊。

从表面上看，追求原创优质内容与现代商业的脚步是方向相反的，显得过于理想主义。因为商业社会最大的特点就是社会分工和批量生产，追求经济效益的最大化，而不计成本的精益求精与其似乎是矛盾的。然而，应用现代技术和营销手段，享受商业社会带来的机会并不是降低产品质量和受众体验的借口。罗辑思维的成功让具有情怀的公众号运营者们看到了原创手工作坊类公众号的光明前景。

当然，一个追求原创优质内容生产的公众号运营者要想取得商业上的成功，就必须找到愿意为自己埋单的粉丝。只有保持自己的独特性，保证自己的内容不被大规模复制，并且始终让粉丝支持自己，公众号才能成功，而罗振宇就是这样一个成功的自媒体公众号运营者。

罗振宇最初是出现在第一财经频道的，很多观众也是在这个时候爱上他的。罗振宇曾经担任《决战商场》《中国经营者》《领航客》等电视节目的主持人。而他主讲的“罗辑思维”视频中说话音色、语调、节奏、表情及动作会让人感觉自然舒服，正是他多年修炼而来的功力。

作为一个电视媒体人，罗振宇超出常人的能力不仅表现在说话功力上，更体现在他对内容的组织和揉捏上。以“罗辑思维”中讲版权的一期为例，罗振宇用了一个奇异的故事引出话题，“未名湖畔”“裸奔”“音乐教授”等其实就是纯粹摆噱头。即使没有这个开头也丝毫不影响后面讲的内容，但正是这个开头把观众的胃口吊起来了。罗振宇深知，只有选择生动、有趣、有料，同时注意熟悉性和陌生性结合的例子，才能把粉丝牢牢地吸引住。

罗振宇是传统媒体人中最懂互联网逻辑的人。比如，他总是有意识地放低姿态，和人们打成一片；他从来不进行说教式的讲述，而是采用闲聊式。这些都有助于罗振宇获得网络声誉。

在网络业内人士当中，罗振宇知识的广度、阅历和人脉是非常出众的。正因为如此，其他懂互联网的人虽然也可以利用互联网打造受欢迎的内容，却无法创作出像罗振宇一样既受欢迎又优质的内容。可以说，既受欢迎又优质的内容成就了罗振宇独有的成功。

7.2.3 鸦片一样的公众号——“大象公会”

大家最爱并且愿意主动传播的内容是什么，“大象公会”公众号的运营者黄晋章也许会告诉你答案。“大象公会”被称为“中国最优质的精神鸦片制造商”。2016 年 1 月 11 日，“大象公会”的创始人黄晋章作为受邀嘉宾参加了“2016 微信公开课 PRO 版原创分论坛”，并向大家分享了精彩干货。

“大象公会”公众号的运营者黄晋章是前《凤凰周刊》执行主编，他的写作风格独特而又深刻，吸引了上百万粉丝，并于 2015 年 8 月获得徐小平“真格基金”600 万元的 A 轮融资。

“大象公会”的内容是 100% 原创，而且文章的推送周期比较长，因为其内容长度都在 3000 字以上。在追求短平快的移动互联网环境下，“大象公会”凭借其深度长文取得了优异成绩。截至 2016 年 8 月，“大象公会”的文章阅读数日均 10 万次以上，多篇文章阅读量达到 100 万次。这是怎么做到的呢？答案如图 7-2 所示。

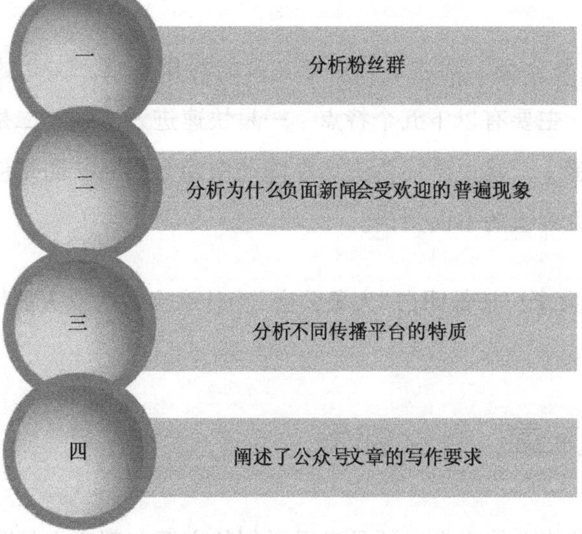

图 7-2　“大象公会”创作文章的方法

首先，“大象公会”分析了粉丝群。其粉丝群主要集中在北上广一线城市，年龄为 25～35 岁，趋向于年轻化，属于城市新资产阶级，而且女性粉丝的比例一直保持上升态势。

其次，“大象公会”分析了为什么负面新闻会受欢迎的普遍现象。大象公会将原因简化为四个“令人”：令人恐惧、令人激动、令人新奇、令人困惑。这四个“令人”便是标题和内容吸引人的关键，缺一不可。比如“大象公会”推送的《怕上火，难道你就不怕肾衰竭？》《传播与模仿：暴徒喜欢电视》《我就坐在你身边，而你却低头看手机》等文章都是从这四个视角出发创作的。

再次，分析不同传播平台的特质。“大象公会”将主要的传播平台形容为三类：“包子”——传统媒体、“披萨”——网页端媒体、“美食秀”——移动端。其中，传统媒体最看重内容，网页端媒体更看重标题，移动端的特点是版面缩短、信息更丰富，主要传播渠道是微信。

在“大象公会”看来，微信最容易传播三类信息：一是能被不同社交圈接受的内容；二是能显示个人生活态度和方式的内容；三是去中心化的信息来源。

最后，“大象公会”阐述了公众号文章的写作要求。文章的结构和章法一定要切合人性，主要有以下五个特点：一是快速进入主题；二是描述事实与细节时要有画面感；三是以陈述为主，在陈述中隐含判断；四是使用悬念的写作手法；五是避免刻板的书面用语。

看完这些，大家应该都明白“大象公会”为什么会成为众人的精神鸦片了吧！

7.3 杂乱无章，什么都发

不管是转发他人的文章，还是自己原创的文章，都应当是瞄准自己公众号定位的，不能杂乱无章，只要不偏离自己的定位，内容应当就没有问题。

7.3.1 无定性，容易让人忽略

无定性直接导致的后果就是没有存在感，容易让人忽略。所以运营者需要根据自己的目标用户群来定位自己的公众号，打造出自己的特色，占领用户的心智地位。

在殡葬行业，一半以上的公众号文章阅读数都只有两位数。其中，“武汉墓地咨询中心”自 2015 年 4 月 1 日上线以来推送的文章阅读数始终为两位数，其惨淡让人不忍直视。2015 年 9 月 9 日，该公众号已经停止运营。

杂乱无章的管理和无定性的推送文章是殡葬行业公众号惨淡的原因之一。殡葬行业的大多数公众号都没有自己的运营团队，像“福寿园”一样有三个人的运营团队都非常少，大都与“91 搜墓网”类似，没有阅读数预期，没有运营规划，而且工作人员不是专门运营公众号的，推送的文章相当不走心。

据“91 搜墓网”的运营人员称：“做公众号的目的是为了让更多的人关注

我们的‘91 搜墓网’。”然而刚刚过千的粉丝数是很难实现其目标的，更何况绝大部分关注者还是殡葬行业的从业人员。

大多数用户希望看什么内容？肯定不是一些家长里短、吃饭睡觉之类的内容。运营者完全可以为自己的用户定制一些有趣的内容，让他们感受到你的价值和主见，而不只是做他们朋友圈里的一个过客。

7.3.2 “石榴婆报告”是怎么炼就篇篇文章“10 万 +”的

“石榴婆”是原新闻晨报国际部记者，曾经采访三届美国大选、两届法国大选和一届英国大选。由于曾经在新闻晨报做过一个和娱乐有关的版面，所以当该版面停了之后，“石榴婆”开始做“石榴婆报告”博客，定位就是好莱坞的娱乐八卦。

2013 年 3 月，“石榴婆”开始运营“石榴婆报告”微信公众号，定位为“好莱坞娱乐八卦，影视信息，外国明星街拍，穿衣搭配。”截至 2016 年，“石榴婆报告”始终坚持娱乐八卦的定位，推送的内容也始终围绕定位，从来没有偏离过。

在写娱乐八卦的时候，就会不可避免地提到明星街拍、穿衣搭配等内容。事实上，很多用户都会关注明星穿什么衣服、什么鞋子、背什么包。通过“石榴婆报告”后台的互动、阅读数就可以看出大家对明星的穿衣搭配产生的反响很热烈。

为了照顾用户的喜好，“石榴婆”就偏向于做明星穿搭的内容。然而做明星穿搭的内容，就会提到这件衣服多少钱，那个包怎么卖。但是“石榴婆”并不是一个拜金主义者，她的价值观是买自己需要的或者非常喜欢的东西。如果不需要或者不喜欢，那就看看，一定不能乱买。

“石榴婆”非常喜欢看美剧，所以经常在“石榴婆报告”公众号上向用户推荐好看的美剧。作为“石榴婆”的忠实粉丝，大多数用户都愿意接受她的推荐。“石榴婆”推荐了《福斯特医生》以后，很多用户在互动中表示自己已经看完，而且会继续关注“石榴婆”的推荐剧目。

2014年7月，“石榴婆报告”的粉丝数是12万多；2016年7月，其粉丝数已达百万，这和很多微信公众号被取消关注的情况形成鲜明对比。目前“石榴婆报告”每天能收到几百条读者评论，三四千条留言，这与其独特的好莱坞娱乐八卦定位不无关系。

7.4 直白的广告植入

在微信公众号文章里植入直白的广告是大多数公众号运营的硬伤。因为这种广告不仅无法起到正面宣传效果，还有可能让用户对你的公众号产生反感，从而取消关注，毕竟用户关注你的公众号不是为了看广告。

7.4.1 广告也可以很有趣、有味、有料

流氓兔以其相貌猥琐、行为龌龊、思想简单、诡计多端、爱耍流氓、只占便宜不吃亏的卡通形象在网络上红极一时，成了反偶像明星。由流氓兔衍生出的商品超过1000多种，受到了广大用户的追捧，成为营销史上最成功的经典案例之一。

主营墨西哥烤肉的休闲快餐连锁店Chipotle一直把天然有机食材应用在其销售的食品中，并以“良心食品”为口号，守护顾客的健康。为了给连锁店做宣传，他们推出了一部动画短片《稻草人》和同名移动游戏。

《稻草人》动画短片虚构了一个未来世界：人类环境被破坏，“乌鸦食品公司”垄断了食品行业，稻草人成为这家垄断寡头工厂里生产劣质食物的奴仆。然而一个可爱、善良的稻草人不愿意做帮凶，从这家残酷的黑食品工厂里逃回家。当他意外发现一个红辣椒（Chipotle的Logo）后，一切都发生了变化：世界的颜色变得鲜亮，音乐也随之响起，稻草人重新找回了自己的生活。他种植新

鲜蔬菜，到处旅行，还开了一家玉米煎饼店。

而同名 iOS 游戏也很有趣，玩家需要开垦草地，重新种植休耕的稻草人农场来获得游戏经验值，然后和虚拟“乌鸦食品公司”对抗。截至 2016 年 7 月，该动画短片在 YouTube 上的浏览量已经突破两千万次；同名游戏在苹果 App Store 上架仅 6 周，下载量就突破了 50 万次。

以上两个案例告诉我们只有有料、有味、有趣的内容才能吸引粉丝。传统广告通过电视、广播、报纸等媒体渠道不断提醒消费者品牌的存在，而互联网时代的营销通过新媒体为消费者提供了具有吸引力的内容，微信公众号是主要渠道。

所以，在微信公众号上做广告，切忌像做传统广告一样直白。公众号运营者应当对广告信息进行加工，使广告变得有趣、有味、有料，这样才可以突破消费者的戒备心理，将他们从受众转变成积极的传播者。

7.4.2 “顾爷”范的神级广告是如何吸引阿里巴巴的

若说最会做广告的微信公众号，非顾爷莫属。因为连阿里巴巴都找其为旗下阿里旅行·去啊做广告。从“梵高为什么会自杀”到“女王范儿”，再到为阿里巴巴做的“一亿元”，个个都被称为神文。这种现象只有十年前胡戈创作的“一个馒头引发的血案”可以与之媲美。而且非常有趣的是，胡戈因为这条视频成名后，也进入了广告界，并被阿里巴巴看重。

为什么“顾爷”的广告会火？主要在于创意。“顾爷”通过创意使广告非常有趣、有味、有料，于是用户忍不住转发传播。按照美国广告大师詹姆斯·韦伯·扬（James Webb Young）的说法就是：“创意就是旧元素新组合。”

“顾爷”几乎没有创作过新内容，只是把旧元素做了新的组合。通过新组合，让广告变得不一样了，成为非常有趣、有味、有料的优质内容。或许是出于对自己创作内容的自信，“顾爷”从来不会隐藏自己的广告目的，比如“顾爷”

创作的广告里标准结尾都是这样的，如图 7-3 所示。

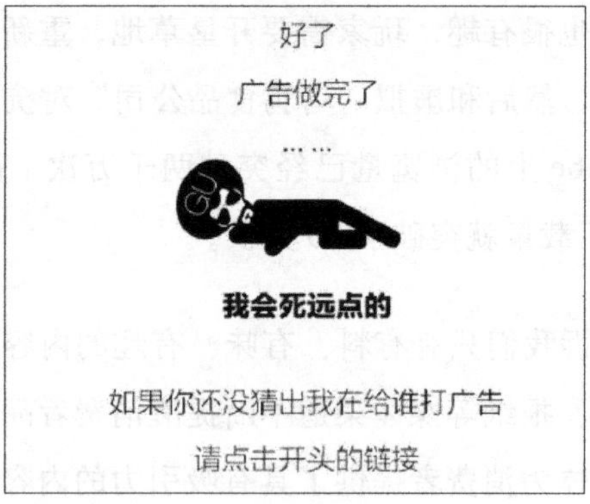

图 7-3 “顾爷”创作的广告的标准结尾

在广告已经出现后，“顾爷”甚至还会做出这样的自白，如图 7-4 所示。

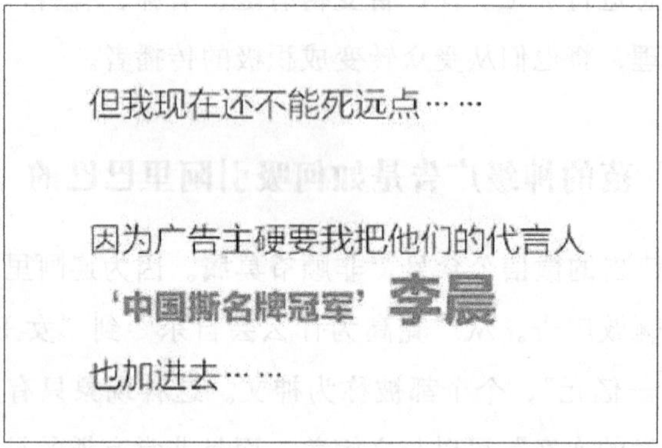

图 7-4 广告出现后“顾爷”的自白

其实，“顾爷”写广告都是用一些艺术历史包装，或者段子般地讲故事方式植入品牌，让用户看着不讨厌，而且还能涨知识。如果你还不明白“顾爷”的广告为什么这么火，就自己去搜一下“顾爷”的广告，然后仔细研读一下吧！

8

标题运营：让粉丝欲罢不能的六大标题

8.1　痛点：读不完《失控》，至少可以读完这 50 条书摘

8.2　利益：月薪 3 千元与 3 万元的文案，差别究竟在哪里

8.3　常见场景：做 PPT，如何突出中文字体的美感

8.4　识别度：谷歌创始人“公开羞辱”员工后的第二天

8.5　共鸣：你有没有玩命爱过一个姑娘

8.6　热点：“国民老公”王思聪赞深度好文：曝田朴珺撩汉往事

创作标题是每一位微信公众号运营者最基本的能力。一个好标题意味着可以有效激发用户阅读的兴趣。而且，一个标题的诞生也意味着文章的内容基本已经定下来了。本章，我们一起来看看引爆微信传播的六大标题。

8.1 痛点：读不完《失控》，至少可以读完这 50 条书摘

“读不完《失控》，至少可以读完这 50 条书摘”一针见血地指出《失控》这本书比较长，大部分读者都没有读完，然后给出的解决办法就是读完这 50 条文摘。这种把文章价值体现在标题上的方法可以让有需求的用户毫不犹豫地点击标题来阅读。

8.1.1 把用户最关心的“痛点信息”放在标题上

所有的文章都是有信息价值的，而一篇好的文章应当是尽可能多地传递有价值的信息。运营者在编辑标题的时候，要提炼要点，将用户最关心的痛点呈现在标题上。比如，“读不完《失控》，至少可以读完这 50 条书摘”的文章的原型就是“《失控》书摘 50 条，精华都在这里”。

当我们看到原标题的时候，首先映入脑海的是《失控》那本厚重的互联网经典读物。虽然这本书价值巨大，但是最大的问题在于这本书太厚重、太晦涩，我们很难把它读完。而“读不完《失控》，至少可以读完这 50 条书摘”这一标题就明确指出“读不完”这一痛点，将目标读者群定位于那些读不完《失控》但是想要看精华书摘的人。从这个角度出发，这一标题中的痛点信息为：

(1)《失控》——互联网经典读物，几乎人尽皆知，尤其是面临转型的传统企业家对这本书有强烈的求知欲望。

(2) 读不完——提到《失控》，几乎没有几个人说自己全部读完了，而企业家工作繁忙，更没有时间读完这本书。

（3）50 条书摘——顿时把读书的压力减小了，企业家都喜欢学习新知识，对新鲜概念的吸收意愿非常强烈。

提出这三个要素之后，标题就基本成型了。最终这篇文章在两天内的阅读量达到一万多人次，而原文的阅读量则只有几百人次。

8.1.2　最擅长挖掘用户痛点的主流媒体公众号——“广东头条”

2016 年 7 月 4 日，一篇名为“天天熬夜会早死吗？看完这篇文章豁然开朗”的文章在朋友圈火爆起来。当天的阅读量就达到 10 万次以上，点赞量在 7 万次以上。这篇文章发布于“广东头条”微信公众号上，其上属公司新华网的官方微信公众号也同步转发。两个平台的默契合作引发了数十个权威媒体平台的转发，也在微博上激起了网友热议。这篇文章是这样的，如图 8-1 所示。

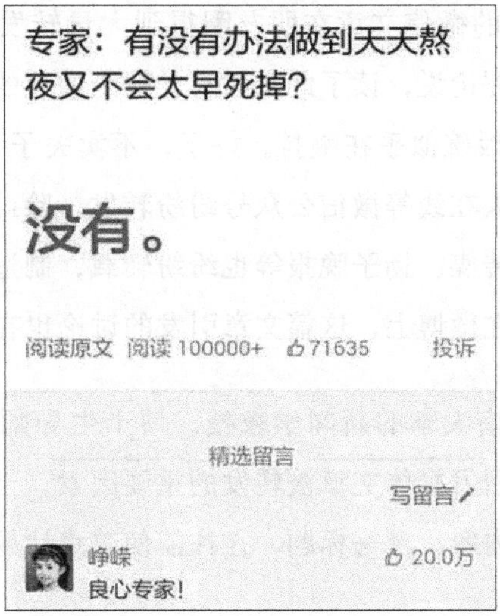

图 8-1　“天天熬夜会早死吗？看完这篇文章豁然开朗”的文章内容

大家可以清楚地看到，这篇文章的正文只有两个字。为什么这篇只有两个字的文章可以制造如此大的舆论场？

“‘40 岁前用命换钱，40 岁后拿钱买命’这句话在白领间很早就流行开来，如今有了新版本：‘40 岁前用命换钱，可是你还活得到 40 岁吗？’”在网友的调侃中，我们感受到的更多的是无奈。

2016 年 6 月 30 日，34 岁的天涯社区副主编金波在北京地铁 6 号线内突然晕倒，不治身亡。据金波的多名同事称：“金波工作比较拼，近几年长期加班熬夜。”金波突然死亡的事件让人震惊，我们不禁产生疑问，熬夜真的会早死吗？

对此，“广东头条”抓住了用户的痛点，针对“熬夜真的会早死吗”这一话题查阅各方面的权威资料，深入讨论了“熬夜与猝死”的关系，并给出了拥有健康睡眠的方法等。对于文章制造的悬念，“广东头条”给出了答案，解决了用户的痛点。

2016 年 7 月 6 日，“人民日报”微信公众号转发该篇文章，称：“近日，一篇正文只有两个字的微信文章在朋友圈得到大量转发，阅读量 10 万多次，点赞量 7 万多次。有评论说，读了此文后有‘醍醐灌顶的顿悟之感’。一时间，段子手们感到手里的饭碗似乎在颤抖。好了，不卖关子了，上文……”其后，人民网湖北频道、工人在线等微信公众号纷纷转发。除此之外，人民网、搜狐网、今日头条、科技传媒、扬子晚报等也纷纷转载，制造了微信之外的第二个舆论场。不仅如此，在微博上，这篇文章引发的讨论也在持续加热。

华侨最高学府暨南大学的新闻学教授、博士生导师薛国林说：“有价值、趣味性和情感触动是引发媒体文章被转发的重要因素，当前，一些微信平台抓住用户痛点提炼文章内容、撰写标题，往往能使热点话题像病毒一样裂变式传播和扩散。”

薛国林还分析说，主流媒体的微信公众号具有弘扬主旋律，正确引导社会舆论的责任和功能，在表达社会主流思想，引导社会正面情绪，推动社会向前发展等方面发挥着重要作用。“广东头条”微信公众号在这方面做得非常好，从人们为了赚钱拼命熬夜加班的社会现象入手，以新闻价值和社会责任为原则，对信息进行加工处理，最后将有价值的信息推送给广大用户。因此，“广东头条”这篇只有两个字的文章引爆传播也在情理之中。

8.2　利益：月薪 3 千元与 3 万元的文案，差别究竟在哪里

《月薪 3 千元与 3 万元的文案，差别究竟在哪里》一文从分解产品属性、指出利益、从对方出发、定位到使用情景、视觉感、附着力—建立联系、提供“导火索”七个方面讲述了如何写一个具有互联网思维的文案。事实上，文章并没有对月薪 3 千元与 3 万元的文案做对比，但这一标题通过两个数字的对比将好文案与差文案的差别体现得非常明显，对文案创作者的利益诱惑非常大，是一个非常成功的文章标题。

8.2.1　用户容易被利益吸引

我们将体现利益的标题分为五种类型，如图 8-2 所示，公众号运营者在创作利益类标题时，可以从这五种标题中进行选择，并创作出适合的标题。

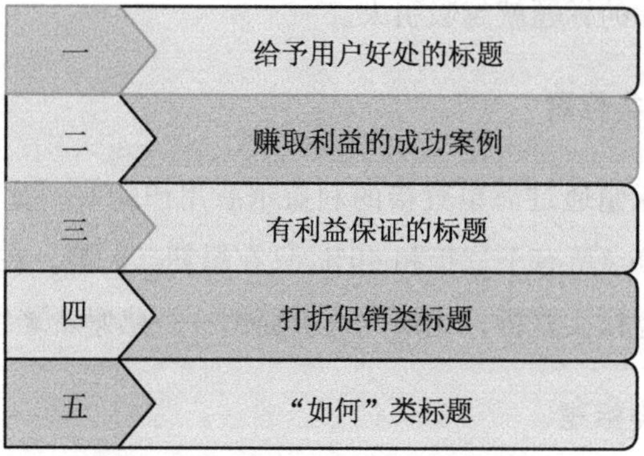

图 8-2　五种体现利益的标题类型

1. 给予用户好处的标题

这类标题能成功吸引目标用户群的前提是要研究好目标市场，知道用户追求

的利益是什么。研究了目标市场后，就可以将用户最想要的好处放在文章标题里，并宣扬出来。比如，针对寻找致富机会的创业者的标题：《本信息化市场推广系统能帮你赚钱更快、更多！》《想不在财务报表上浪费太多时间吗？簿记软件帮你忙！》

2．赚取利益的成功案例

这类标题是一种综合性标题，较难构思，但是催动力是非常强大的。比如，《这是马云如何教育儿子拿高分的办法》《10分钟做的一个网站，2年赚了100多万元！》等。用户看了这种类型的标题后，总是不由得继续往下看，而这两个标题远远好于《这是教育你的儿子拿高分的方法》《如何通过网络在12个月赚到100万元》。

3．有利益保证的标题

这类标题结合其他类型的标题一起使用往往可以创造出更有效的标题。比如《女士们注意！我们保证让你皮肤更白、更嫩，焕发青春，否则全额退款》《推出新一代技术型手提电脑，绝对不掉线、绝对摔不坏、永不落伍——100%保证！》等。有利益保证的标题适合用户经常产生怀疑的产品，当你的保证可信度越高的时候，你的标题就越吸引人。

4．打折促销类标题

打折促销类标题通过简单直接的利益诱惑用户购买，比如，《手机一律八折，到本周末为止》《所有干货折扣40%，只在星期二》等。在使用这类标题时，最好告诉用户你为什么打折，比如《八折促销——感谢新老客户的支持》等。

5．“如何”类标题

“如何”类标题是信息行业经常使用的标题类型，这类标题具有很强的针对性。用户都具有好奇心，如果你能告诉他们“如何……”，用户就会感兴趣，从而阅读。比如，《如何测试销售方法让你大幅度提高销售业绩》《如何在一周内通过互联网快速赚到钱》《如何在 30 天内暴瘦 20 斤》等。

上述五种类型的标题可以分开用，也可以搭配使用，经过实践证明是非常有效的。你兴奋吗？要知道每一个优秀的标题都可能造就一篇火爆的文章，而后便是滚滚而来的财富。

8.2.2 马斯洛需求层次理论的参考价值

马斯洛需求层次理论是由美国心理学家亚伯拉罕·马斯洛（Abraham Maslow）提出的，是现代行为科学的理论之一。该理论将人类需求层次按照从低到高的顺序分为五种，分别是：生理需求、安全需求、社交需求、尊重需求和自我实现需求。前两种是基本需求，后三种是高层次需求，如图 8-3 所示。

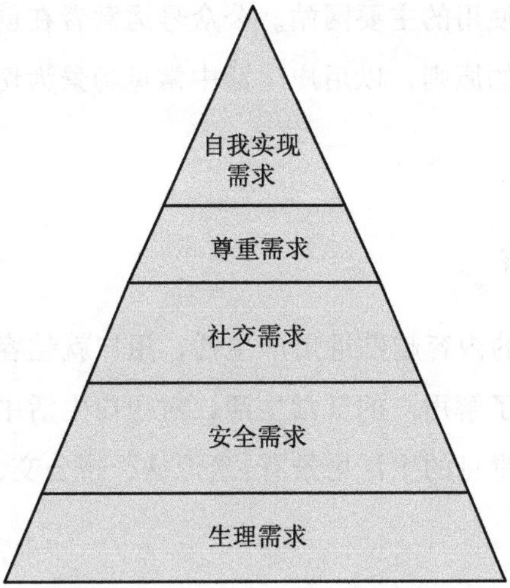

图 8-3　马斯洛需求层次理论

运营者在设置标题时，可以依据马斯洛需求层次理论对内容进行分析，将满足的用户需求体现在标题上，让用户看到利益。该理论将生理需求视为人类的最基本需求。所以，运营者可以把体现物质利益的标题作为最重要的标题类型，比如本节开头提到的《月薪 3 千元与 3 万元的文案，差别究竟在哪里》。

随着时代的发展，人类的需求已经越来越向高层次需求靠拢。如果公众号运营者能把握住这一趋势，在标题中体现最高利益，通常能够发挥难以估量的效应。运营者要想通过优质的标题让公众号文章火爆起来，就应当以需求理论为根本，尽量体现用户的各种利益需求，吸引用户点击文章。

8.3　常见场景：做 PPT，如何突出中文字体的美感

数据分析发现，生活服务类网站是最受用户欢迎的网站类型，其广告点击率也是最高的。这说明用户对于贴近生活的内容给予了最大关注。例如，作为移动城市生活网站的内蒙古生活网以内蒙古为核心，覆盖呼和浩特、包头、呼伦贝尔、鄂尔多斯等多个城市，通过新闻、资讯、娱乐、衣食住行、招聘栏目成为内蒙古人民日常使用的主要网站。公众号运营者在创作文章标题时，也可以本着贴近用户生活的原则，以用户生活中常见场景为切入点，吸引广大用户点击。

8.3.1　工作 + 生活

一般，一篇文章的内容越贴近用户生活，用户就越容易被吸引。因此，公众号运营者需要十分了解用户的日常生活，对用户生活中的高频场景更应重点关注。比如，上班族常见的生活场景有：坐地铁、挤公交、租房、加班、逼婚、睡懒觉等。

当你创作的标题准确切中用户群生活中的常见场景时，就会被用户点开。比如《做 PPT 时，如何突出中文字体的美感与力量》这篇文章在推送第一天阅读量就达到了 1 万次。其中重要的原因就是它非常准确地切入了一个普通职员工作中常见的场景——做总结、做报告、做方案等。

在这些创建场景中，用户离不开做 PPT 这个基本技能，所以必须要掌握。另外，大多数公司在年终岁末的时候，都会要求职员进行年终总结或者新年规

划，做一个上档次的 PPT 是高频刚需的。

《做 PPT 时，如何突出中文字体的美感与力量》的原标题是《如何突出文字的力量》。同样的文章，在使用原标题的情况下就很少有人愿意点开阅读，其根本原因就是不够吸引人。文字有很多种，这里指的是哪种？由于我们做 PPT 时主要使用中文进行设计，所以这里选择了更具体的角度：做 PPT 时，如何突出中文字体的美感与力量。之所以将“中文”“美感”“力量”三个要素体现在标题中，是因为对于一个高档次的 PPT 来说，这三个要素缺一不可。

8.3.2　越具体的场景越吸引人

对于普通用户来说，最常见的生活场景包括看球赛、跟伴侣吵架、一日三餐吃什么等。细分到不同职业的人，一个银行职员每天都要拼命办业务、一个作家每天都要努力码字、一个策划每天都要写文案。因此，公众号运营者针对用户群，使用越真实、越具体的场景，就越容易击中用户，这样文章的点击率自然会高。

场景类标题的公式为：写给谁 + 目标用户痛点。以银行业的一篇文章标题《那些年，被客户虐过的银行柜员》为例，这篇文章在银行业流传甚广，银行柜员几乎无人不转。“被客户虐”就是银行柜员工作中每天都可能遇到的场景，因此非常具有身份带入感。行业外的人都认为在银行工作好，无须忍受风吹日晒，但是银行柜员每天都在被客户虐，几乎谁都能说上几个被虐的段子。这篇文章就是写给银行柜员的，当他们看到一篇文章可以为自己“正名”，证明银行工作也不一定好干的时候，必然会转发。

当然，每一类人都有不同的被虐场景，比如单身族被父母逼婚、文案策划一遍又一遍地修改文案，对应之下《你妈逼你结婚了吗》《那些年，被方案虐过的文案策划》就是针对他们而做的。

如果将《那些年，被客户虐过的银行柜员》换成《银行柜员一天的工作生活》就失去了场景感，用户就无法通过标题体会到文章意图。因为一天的生活无非衣食住行，谁知道你具体要写什么呢？

8.4 识别度：谷歌创始人“公开羞辱”员工后的第二天

《李嫣自拍揭秘,天后也爱FOREO洗脸神器》《赵雅芝年轻20岁的秘密》《范冰冰最喜爱的几款LV包包》……如今，利用明星的知名度为产品做宣传的现象越来越普遍。然而，这种明星代言的滥用让受众逐渐对明星产生麻木感，因此对明星的选择成为关键。只有明星形象、声誉与品牌相符，符合主流价值观，才能对受众产生影响力。

8.4.1 分清知名度与识别度

知名度与识别度是两个不同层次的概念。识别度越高，知名度一定越高，但是知名度高，识别度不一定高。因为知名度只是反映了用户对事物的知晓程度，而识别度则在一定程度上表示了用户对事物的理解。

具体来说，知名度是指一个组织被公众知道、了解的程度，对社会影响的广度和深度。知名度是评价事物名气大小的客观尺度，比如一提到雷军，几乎人人都知道，这就说明雷军的知名度高。

对企业来说，知名度是一种关键的品牌资产，但是仅凭知名度是无法增加产品销售额的，对新产品来说更是如此。在竞争激烈的市场中，提升品牌知名度并增加实际的销售收入是企业的主要任务。

识别度是指用户对某一事物的具体印象，提起这一事物便会联想到的功能及特征。识别度涉及品牌与其具体产品的联系，例如，在宣传单页上写上“levi's”并不能提高其识别度，但如果在宣传单页上印上levi's 301牛仔裤的图案并写上“levi's”，那就把品牌和产品形象联系在一起，就可以提高levi's的识别度。

识别度是衡量用户对品牌内涵和价值的认识和理解度的标准。品牌识别度可以在很大程度上体现企业竞争力，有时还会成为企业的核心竞争力，尤其是在大众消费品市场。事实上，当各家企业的产品和服务差别很小时，用户就会根据自己对品牌的熟悉程度来决定购买行为，而识别度的重要性就因此显现出来。

8.4.2　鲜明的标签 + 个性化的内容 > 泛泛的名人效应

在互联网时代，知名度的打造变得越来越容易。一个搞笑吐槽视频的疯狂传播就有可能造就一个网红。但是，识别度的打造就没有那么容易。识别度需要人们对事物有强烈的标签印象，比如，"papi 酱"不仅是一个知名度高的网红，还是一个识别度很高的网红。一提到"papi 酱"，人们就会想起搞笑、自黑、集美貌与才华于一身这些标签词语。

公众号运营者在创作文章标题时应当利用事物的识别度，即在标题里加入鲜明的标签、个性化的内容，而不是利用泛泛的名人效应。比如联想可能不如中国最长寿、规模最大的民营企业更有冲击力；罗辑思维有时可能还不如一个拥有 600 万粉丝的公众号更有诱惑力。

举例来说，拉里 · 佩奇（Larry Paige）是谷歌公司的创始人，互联网科技界大佬级别的人物，但对于中国的读者来说，谷歌创始人显然比拉里 · 佩奇更具有识别度。因此，在制作公众号文章标题时，要注意选择识别度更高的词语，而不一定要说出具体名字。比如"谷歌创始人'公开羞辱'员工后的第二天"。同样，张幼仪也不如徐志摩前妻更有识别度，比如"徐志摩前妻：身为备胎，却活出女神范儿"。这两篇文章的阅读量都在推送的几天内达到了上万次。

8.5　共鸣：你有没有玩命爱过一个姑娘

几乎所有的用户都喜欢和自己有关的内容或者站在自己的角度进行思考的内容。比如"我还年轻，让我再穷一会儿"，这一标题引发了很多年轻人的共鸣，因为“贫穷但是闪光”是大部分青春的共同特征，这样的标题更像一种自嘲，但却慰藉所有年轻人的心灵；“你有没有玩命爱过一个姑娘”这是一个提问型标题，几乎每一个男生看到都会有所触动，忆起曾经狂热奔放的年轻时光。

8.5.1 感同身受是好标题的基本标准

让读者感同身受，并且能够迅速对号入座的标题一定是好标题。读者看到这样的标题心里顿时就会产生“这说的不就是我嘛！”的想法。《一组照片，20岁看不懂，30岁看完沉默，40岁看完流泪……》《有一种画面，叫“70后”、“80后”独家记忆》《致那些微信红包只发几分钱的××人》都是能让读者感同身受的好标题。

每个人都有标签，包括地域、年龄、星座、爱好等各个方面。通过和目标用户的共同属性建立联系，让读者产生共鸣，可以有效吸引目标用户点击文章。这种共鸣话题能够明确受众，并指定内容，是一种非常实用的标题，例如《北京上班族那些事儿》《A型血天蝎座的男孩性格特征》《研究生必须知道：读文献是第一要务》等。这种通过共同属性聚拢目标用户，与之产生共鸣，并且扩大共同话题的标题最终将产生特定的效应。

虽然贴标签制作标题的方式貌似把文章的读者范围缩小了，但正是由于这种对目标用户人群的聚拢引得其他人群产生一种好奇心，最终促其点击阅读文章。以《女生勿入！男孩子的小秘密是什么》这一标题为例，虽然标题中写明女生勿入，但人人都有好奇心，你越是让读者“离开”这篇文章，越会吸引更多的阅读量和关注度。这是一种欲拒还迎的招数，用在公众号文章标题的撰写上非常有效。

文章采用这种标题，能够大大提高流量。不过，公众号运营者需要对这一类标题进行大量研究，掌握一定的共鸣话题型标题提高功力，并在自己的公众号上进行准确的提炼。

8.5.2　最擅长使用共鸣性标题的公众号——“二更食堂”

首先，我们看一下“二更食堂”自 2016 年 7 月 20 日至 24 日推送的阅读量超过 10 万次的爆文：《最好的关系，是我懂你的不容易》《女生的理想与现实居然差别这么大》《爱情可以经营，男人可以调教》《男人是否爱你，看他宠你的程度》《买买买，才是女人该有的生活态度》《一半的你和一半的我，才是最完整的爱》《讲真，对女生来说比爱情更重要的是初心》等。

可以发现，每一篇文章的标题都是站在女性用户的角度思考问题，使她们感同身受，非常容易引起女性用户的共鸣。2016 年 3 月 18 日，“二更食堂”对外宣布完成了 A 轮融资，融资金额超过 5000 万元。下面，我们来看看“二更食堂”是如何一步步发展壮大起来的。

“二更”创办于 2014 年，在 2015 年合并了另外一个微信公众号“深夜食堂”，统称为“二更食堂”。“二更食堂”拥有二更食堂、二更视频、隐藏菜单、慢漫来、更城市系列等业务品牌，如图 8-4 所示。

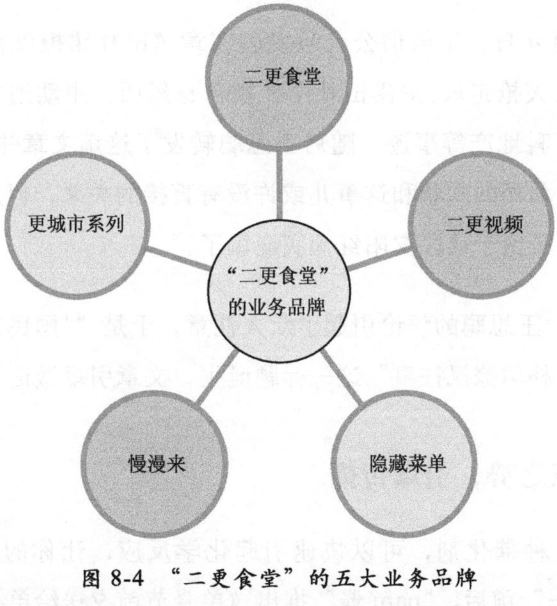

图 8-4　“二更食堂”的五大业务品牌

强强联盟让“二更食堂”的粉丝量实现了爆发式增长，“10万+”的文章已成为家常便饭，这为其广告盈利奠定了粉丝基础。截至2016年5月，“二更食堂”的粉丝已经超过了800万人。

情感驱动是“二更食堂”在内容上的秘诀，从开头列举出的一系列标题就可以看出一二。在信息嘈杂的网络大环境下，感同身受的“精神鸦片”具有无比强大的威力，在粉丝们最感性的深夜时刻，总是能够挑起用户内心深处的感性神经。

“二更食堂”的文章几乎都是为女性发声，表达女性用户内心的观点，所以他们将这一特点体现在了标题上。而用户看到标题与自己相关，就会忍不住点开文章，阅读具体内容，最后引发传播。

8.6 热点：“国民老公”王思聪赞深度好文：曝田朴珺撩汉往事

2016年7月4日，某微信公众号发表文章《田朴珺撩汉往事，世界这样被走野路子的女人抢走》，揭露田朴珺杜撰自身经历、主动追求王石、利用王石资源、倒卖万科地产等事迹。随后王思聪转发了这篇文章并留言称：“有深度的好文。虽然公司的现状和这事儿或许没有直接的关系，但是王石多年经营的完美形象确实是由于这段夕阳红彻底崩塌了。”

“国民老公”王思聪的评论引起了众人注意，于是“‘国民老公’王思聪赞深度好文：曝田朴珺撩汉往事”这一标题诞生，文章引爆微信、微博等平台。

8.6.1 借热点之势，引爆传播

热点就是一种催化剂，可以快速引起化学反应，让你的文章引爆传播。2015年“双十一”前后，“papi酱”推出《单身节前夕送给单身的你几句暖心

话》《喜迎“双十一”》等系列视频，借助热点的文章标题让人看起来就有点击文章进行阅读的欲望。

2016 年 1 月 10 日晚，《2016 微信公开课 PRO 版》刷爆朋友圈，第二天，微信在广州举办微信公开课 PRO 版大会，讲述了微信在未来的一些变动。此后，朋友圈几乎被微信相关文章刷爆了。2016 年 1 月 18 日，“papi 酱”借着这个热点发了一个关于微信的吐槽视频，标题为《微信有时候真让我崩溃》，瞬间刷爆朋友圈。

热点事件是吸引大众兴趣与关注的重要手段之一。例如网上曾经流传的一份名为“世界那么大，我想去看看”的辞职信引发了职场人的强烈共鸣，得到了大家的普遍关注。在网上对此事进行热议的时候，各大媒体与品牌纷纷借势营销，制作了很多文案。

热点事件的发生、传播及炒热都是在互联网环境中发生的。每当出现一个热点事件，各大媒体及品牌商都会做出快速反应。因为借势热点事件已经成为各大媒体及品牌商竞相传播的重要场景。为什么热点事件的魅力如此之大呢？借助热点制作标题的三大优势如图 8-4 所示。

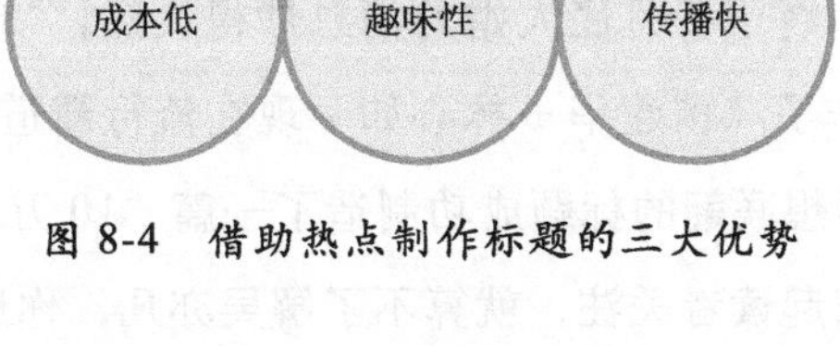

图 8-4　借助热点制作标题的三大优势

1．成本低

与广告相比，通过跟进热点进行品牌的宣传推广的成本相对较低，但是产生的效果却较大。

2．趣味性

借助热点事件制作标题使标题具有趣味性，用户会更有兴趣点击阅读。作为一种开放的营销方式，借助热点宣传也使品牌具有很强的趣味性，加深用户对品牌的印象。

3．传播快

热点事件在互联网上的传播经讨论发酵往往能在短时间内形成巨大的传播效应，而借热点之势可以为文章带来天然的关注度。

利用热点制作标题使文章的传播具有了先天优势，成功的热点标题不仅需要抓住时下热点事件，还需要对热点事件进行选择，因为策划执行也是十分重要的。

8.6.2　最擅长制作热点标题的自媒体公众号——“咪蒙”

作为一个拥有300多万粉丝的公众号运营者，“咪蒙”有着扎实的文字功底及独到的观点。除此之外，“咪蒙”还是一个优秀的标题创作者。

没有一个吸引人的标题，谁愿意点击阅读你的文章？在标题制作方面，“咪蒙”的诀窍就是利用热点。这里所说的热点分为两种，下面我们分别讲解。

一是时下热点。紧跟时下热点制作标题是打造爆文的不二法门。2016年7月，霍建华与林心如将于7月底大婚的消息炒得火热，“咪蒙”当然不会错过这一劲爆话题，创作了《霍建华+林心如：现在流行霸道总裁爱上霸道总裁》一文，并通过让人浮想联翩的标题成功制造了一篇“10万+”的爆文。娱乐圈的热点话题最容易引起读者关注，就算不了解吴亦凡，你还可以写欧洲杯。一般，为了与朋友或同事有共同话题可以谈论，谁都会点击进去看一看。

二是永恒热点。“贪嗔恨痴爱食色性”是人类关注的永恒话题，制作标题也一样，吸引人眼球的永恒热点是有限的，如工作、婚姻、感情、前任等。以下标题永远都不乏点击率，如《职场上，别人说什么话会让你炸毛？》《你因为太在乎孩子，让老公成了‘小三’吗？》《世上所有的吵架，都是男人不会说话》《前男友的 100 种死法》等。在没有时下热点可以写的时候，就可以写永恒热点。

9

公众号初期实战推广技巧

9.1 初期用户核心特征：质量高、影响力大

9.2 同业合作伙伴是首选

9.3 最佳策略：邀请名人、网红、大咖

9.4 没有投入，那就拼执行力

随着公众号数量不断增加，用户的品位不断增强，公众号初期的推广运营变得越来越困难。下面我们为刚起步的公众号量身定做一款快速吸粉大法，希望对公众号的运营新手有所帮助。

9.1　初期用户核心特征：质量高、影响力大

公众号初期的用户也被称为“种子用户”，也就是拥有巨大成长潜力的用户。初期用户的核心特征是质量高、影响力大，是有利于培养产品氛围的第一批用户。与公众号后期吸引的用户不同，初期用户需要根据产品属性筛选而出，切合公众号的调性。

9.1.1　愿意分享、互动、主动传播

不管公众号的运营理念多么好，功能多么完善，如果在寻找种子用户的时候出现错误，引入了质量不高的用户群，就会一步错步步错，不利于公众号后期的发展。因此，用有效的方法引进高质量的种子用户格外重要。种子用户应当是那些愿意分享、与公众号互动并且主动传播，还能为公众号运营提供建议的粉丝。要理解种子用户，需要明确以下三点，如图 9-1 所示。

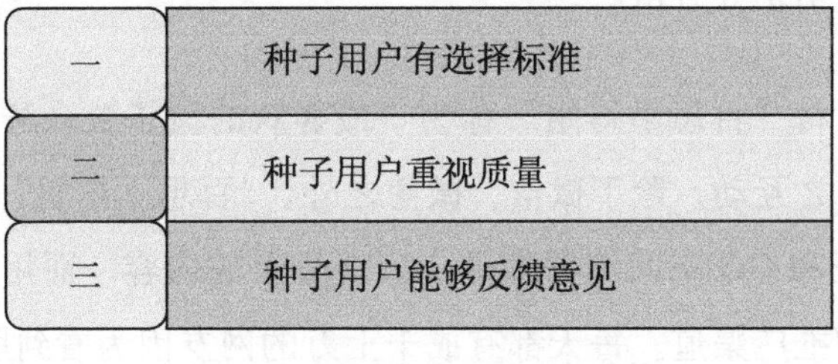

图 9-1　对种子用户的理解

首先，种子用户有选择标准。种子用户的选择标准是影响力和活跃度高。否则，即使引进了再多的种子用户也不能达到扩散目标用户数量的目的。有些用户可能因为公众号发送的内容不是自己需求的内容而取关。这样可能会让运

营者误以为是公众号本身有问题，从而浪费不必要的时间和精力。

其次，种子用户重视质量。种子用户的寻找讲究精挑细选，用户的性格要尽量与公众号的调性相符，或者用户的影响力足以波及目标用户群体。对公众号来说，有少而精的种子用户并非坏事，但有低质量的用户还不如没有用户。换句话说，我们的目标是引进大量的种子用户，而不是大量的注册用户。

最后，种子用户能够反馈意见。优秀的种子用户，不仅会时常关注公众号的动态，还会活跃于公众号平台，经常发表言论，带动其他用户讨论和互动。最重要的是，优秀的种子用户能够为公众号运营者提供有价值的意见和建议，帮助公众号不断提升质量。据豆瓣创始人阿北称，其最初招聘的员工就是从豆瓣的种子用户中挑选的，被选中的种子用户都是喜爱互动、活跃度高，并为阿北提供了许多有价值建议的人。

9.1.2 “百思不得姐”如何一天吸引 8 万用户

“百思不得姐”是中国娱乐创意社区，致力于提供各种搞笑、动漫、幽默的图片，汇集了大量火爆、高笑点的段子。截至 2016 年 7 月，“百思不得姐”的官方 APP 注册用户 6000 万人，月活跃用户 1500 万人，下载量 1500 万次，其微博粉丝数 140 万人。2013 年 5 月，“百思不得姐”的官方微信公众号开始运营，一天就吸引了 8 万用户。

有很多网友将“百思不得姐”称为“最喜欢的段子公众号”，并表示愿意分享、传播并与之互动。除了微信、微博之外，“百思不得姐”还会通过官网、兴趣部落、贴吧和 QQ 空间等渠道推广公众号上的内容，而用户自发的分享、扩散是其最大的推广渠道。每天都有成千上万的网友因为看到朋友的分享而关注了“百思不得姐”的公众号，从而爱上了“百思不得姐”。

“百思不得姐”公众号运营初期非常重视用户的质量，其官方 APP 引流时，主要选择了活跃度高、乐于分享的用户作为第一批粉丝。这为“百思不得姐”

后期从用户中获取内容打下了基础。截至 2016 年 7 月，“百思不得姐”公众号上的大部分内容来源于用户的主动发帖和分享。

可以说，“百思不得姐”非常擅长新媒体运营的玩法，通过吸引高质量的粉丝为公众号积累了人气。接下来，是像罗辑思维一样做社群经济，还是做高端的定制咨询服务等，就看“百思不得姐”自己的选择了。

9.2 同业合作伙伴是首选

大多数公众号运营者的从业时间都长达几年，并且积累了很多同业合作伙伴。他们都可以是你的第一批种子用户，因此可以在同业 QQ 群、微信群里寻找符合种子用户特征的粉丝。

9.2.1 最低的获取成本

万事开头难，前 100 个种子用户的获取也许比 100 万个用户的获取更困难。在这个阶段，同业合作伙伴的重要性就显现出来。由于这些合作伙伴就来自你的朋友圈，所以几乎不需要投入任何成本就能够获取这些用户。

这些用户就像一笔投资，可以由此成长出上百万用户。截至 2016 年 8 月，全球众多平台都超过了上百万用户。达到第一个百万用户，社交平台推特（Twitter）用了两年，照片分享网站 Pinterest 用了一年零八个月，社交签到应用 Foursquare 用了一年零一个月，社交媒体脸书（Facebook）用了 10 个月，网络文件共享工具 Dropbox 用了 7 个月，移动图片分享应用 Instagram 用了两个月，而照片分享应用 Path 2.0 只用了两周。其中，前 100 个种子用户的获取效率在一定程度上决定了前一百万个用户的获取速度。

作为一个新推出的公众号，你是否认为只要内容和模式好就能吸引用户关注？事实并非如此，一个内容与模式都没有问题的公众号只是容易留住用户，而不是吸引用户。也就是说，一个优秀的公众号如果没有机会让人知道，是无法吸引用户的。所以，公众号运营者要擅于抓住机会，向同业合作伙伴推荐自己的公众号，让他们成为自己的首批种子用户。

9.2.2 “91 运营网”的初期用户：产品经理、美工、程序员

比如，“91 运营网”公众号定位为互联网运营干货分享，而其运营者的同事都是互联网从业者，包括产品经理、网络营销高手、美工、程序员及移动 APP 推广高手。于是，这些人都成为“91 运营网”首批 100 个种子用户的目标。

将同业合作伙伴作为种子用户的首选，主要是由获取成本低这一因素决定的。然而并不是所有的同业合作伙伴都是我们的种子用户，公众号运营者需要对他们的性格和特性进行分析，寻找愿意分享、互动并且主动转发的人作为自己的种子用户。

9.3 最佳策略：邀请名人、网红、大咖

邀请名人、网红、大咖关注自己的公众号，成为自己的种子用户相当于为自己的公众号找了代言人，其效果不言而喻。这种策略适合在业内已经有一定知名度和人脉资源的运营者。知乎、新浪微博早期获取种子用户的策略都是邀请名人、网红、大咖入住。

9.3.1 知乎首创邀请机制

“熟人邀请 + 实名制”是知乎最初的运营模式。通过电子邮件邀请，知乎在上线前两个星期内邀请到约 200 名种子用户，多数是知乎创始团队的同事或者朋友，同属 IT 业，还有一些媒体人、评论员等。例如徐小平、周鸿祎、Keso 等知名企业家和评论家，这些人在知识的专业性和广博性方面有一定权

威性，而这和知乎知识分享社区的产品性格相吻合，因此很利于种子用户的聚合。

当知乎一点点开放注册，直到种子用户数量达到 2000 人的时候，创始人周源邀请了雷军、李开复等 IT 名人。由于知乎社区的纯洁性，这些名人首选知乎作为发声平台，贡献了各种高质量的回答。知乎在发展的前两年，一直用邀请注册的方式维护社区的专业性，由此形成了第一批种子用户。直到知乎向普通用户开放注册后，其才在更广的话题领域有了较大发展。

9.3.2　新浪微博通过名人大咖打开市场

知乎开创了名人邀请机制，利用名人的知名度吸引草根用户。这些名人用户，不一定是意见领袖的代表，也可能不会产生太多的内容（名人一般都很忙碌，很少有时间泡在一个产品里面）。而如果名人本身的人格特征与个人品牌类型和产品的气质吻合，也可以达到宣传产品的效果。除了知乎以外，新浪微博运营前期也使用了这种方法。

基于自己多年积累的媒体优势和人脉，新浪微博为自己拉来了更多的知名人士和意见领袖,包括大量的娱乐名人。这些人和新浪微博早期的产品性格“敢说敢为、轻松娱乐”吻合。不过，要请到知名人士，需要花费很大的精力，这种方式适用于资金实力和关系网比较雄厚的公司。

9.4　没有投入，那就拼执行力

公众号初期的推广环节是最考验执行力的。这里需要明确一点，公众号推广营销没有任何营销秘诀，看的是投入和执行力。如果投入低，还想要获取大量粉丝，那就只能拼执行力。不要只关心别人一个月获取 20 万粉丝的案例，先想想他们投入的成本有多少。下面我们来看怎样通过时间投入及高效的执行力实现推广目的。

9.4.1 初期公众号运营四步走

找到第一批种子用户之后，运营者应当怎样和第一批种子用户交流互动？这个问题很值得探讨。初期公众号运营的四个步骤如图 9-2 所示。

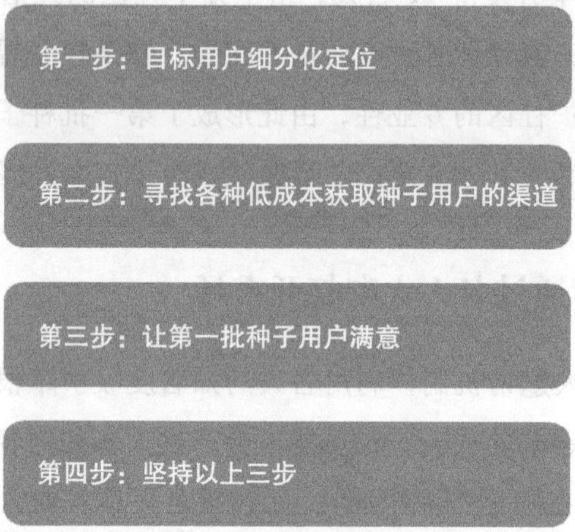

图 9-2　初期公众号运营的四个步骤

第一步：目标用户细分化定位

在移动互联网时代，用户需求越来越个性化，解决小众用户垂直需求的精品才能获得长期发展。业内流传着这样一句话：只做 1 厘米宽、100 米深的事情。雷军在谈起 MIUI 推广时也说过：“先搞定你的前 100 个用户，服务好前 100 个用户，才能推而广之。”

因此，运营者首先要对目标用户进行细分化定位。在验证公众号可行性的过程中，你认识的那些人就有可能是最早的种子用户，前提是这些人有一定的影响力，而且是典型用户。

第二步：寻找各种低成本获取种子用户的渠道

除了选择同业合作伙伴、邀请名人、网红、大咖等低成本高效获得种子用户的渠道外，还应当寻找其他低成本获取种子用户的渠道。如果你的公众号是为大学生服务的，那么就去大学生经常聚集的地方发传单、设咨询台、找大学学校做赞助和宣讲等。另外，让种子用户在其他社交平台扩散，通过关系链导入他们的朋友也是一个低成本获取种子用户的渠道。

第三步：让第一批种子用户满意

让第一批种子用户满意的前提是你的公众号内容及用户体验没有问题，产品质量没有问题的时候，用户是否用得开心全在于心理感受。不同的产品取悦用户的点不同，如果你的公众号主打社交，那么你需要在公众号上营造一种热闹的氛围；如果你的公众号是工具型产品，那么一定要保证高效地为用户服务；如果你的公众号是内容产品，那么应当有料。在公众号运营初期，运营者应当精心选择符合典型用户口味的内容，锁定种子用户。

第四步：坚持以上三步

运营是花费时间和精力的工作，既然选择了低投入、高效执行的推广手段，那么就不能心急。所以，公众号运营者要学会坚持，在整个公众号运营初期定位用户，找到用户，然后引导用户。引导就是交换，只有让用户认为你对他有好处，他才会做出你期待的某种行为。

9.4.2　没钱、没资源、没粉丝，也可以打造“10 万 +”爆文

2016 年年初，广州某公众号开始运营，在没钱、没资源、没粉丝的前提下，居然打造了一篇“10 万 +”爆文。在进入正题之前，我们先看一个定式思维：几乎所有人都认为庞大的粉丝量是引爆传播的基础，不管什么内容，只有放到微信大号上才有可能会爆。

事实上，这种想法是错误的。尽管当前的微信公众号运营环境竞争激烈，大号活得更加轻松，但小号也有很多方法可以突出重围。在这个内容为王的时代，创意的重要性无须多言，但是我们今天要讲的主要是宣传手法，如图 9-3 所示。

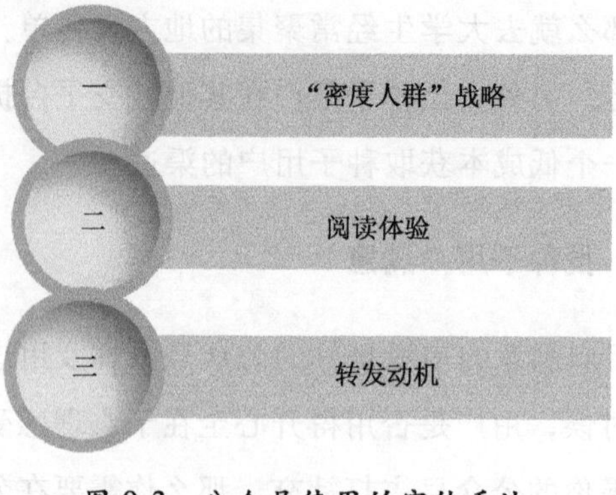

图 9-3　公众号使用的宣传手法

1. “密度人群”战略

众所周知，用户最有可能打开的内容首先是朋友转发过来的；其次是朋友圈；最后才是公众号。从这一角度看，公众号运营者应当利用朋友圈提升公众号的点击率，这就是“密度人群”战略。

“密度人群”战略制造出来的转发热潮非常厉害，但是前提是你的内容有触动人群转发的欲望。

2. 阅读体验

大家应当都有切身感触，移动互联网中的内容的可读性排序为：视频＞语音＞图片＞文字。

3. 转发动机

转发动机概括起来只有四个词：认同感、互动性、利益性及自恋可能。如果你推送的内容能够做到其中一点，那么转发动机就有了，转发效果自然不会差。

10

公众号发展期实战推广技巧

10.1 量化目标：设立 KPI

10.2 微信群引流

10.3 “公众号＋视频直播”模式快速吸粉

10.4 APP 渠道推广

10.5 “行业文章＋行业平台”发布

公众号发展期的推广相对来说容易一些，关键在于找准发力点。一方面，运营者可以站在用户的角度思考，他们想要什么就给他们什么。另一方面，公众号发展期的宣传渠道对于推广效果的影响也非常大。综合来说就是，如果你的公众号是他所喜欢的，而他恰巧又看到了你的二维码，那么他就会抬起手里的手机。

10.1 量化目标：设立 KPI

经过公众号初期运营，有了种子用户的分享传播，公众号会积累一定的粉丝量。这时，公众号便步入了发展期。在发展期，公众号运营者应当为自己设立一个目标，比如设立一个 KPI（关键绩效指标），发展期增加粉丝数 10 万，两个月内完成，即平均每天增加 2000 个粉丝左右。量化目标以后，运营者在做推广的时候心里会更有底。

10.1.1 既可达到又有挑战性

工作绩效理论认为，目标及达到目标的动机是工作绩效的决定因素。如果上司要求你每天必须增加 100 个公众号粉丝，你可能会想尽各种方法达到这一目的，但是心里一定是不情愿的，粉丝质量也不会很高。

所以你应当为自己设立目标，并下决心去实现它，这个目标就是通过 KPI 体现的。设立 KPI 应当注意两点，一是现实，可以达到；二是高标准，具有挑战性。

运营者要想在发展期实现粉丝的爆发性增长，就必须明确 KPI。比如“bluemidou”公众号就是通过这种方式实现 3 年增长 6.5 万粉丝的目标的。作为产品策划、产品运营、数据分析、用户研究、职场与生活细分领域的公众号，取得这一成绩是非常不易的。

10.1.2 “bluemidou”的 KPI

迅雷产品总监，原腾讯、YY 语音高级产品经理兰军（Blues）是“bluemidou”公众号的运营者。“bluemidou”公众号运营初期（2013 年 3 月～2014 年 3 月）新增用户 1 万。随后，“bluemidou”进入发展期。

兰军设定的目标是 2014 年 3 月～2015 年 3 月增长两万粉丝，2015 年 3 月～2016 年 3 月增长 3 万粉丝，累计粉丝数达到 6 万人。经过初期积累，“bluemidou”在互联网行业已经有了一些口碑。在发展期，兰军持续创造可读性内容，并且有意识地参加一些互联网行业活动，比如小米的新品发布会。通过总结传播，“bluemidou”迅速提升了行业影响力，加速了关注用户积累。

最终，“bluemidou”的粉丝数达到 6.5 万人，粉丝增长曲线如图 10-1 所示。在发展期，“bluemidou”依然将内容作为重点，从原来的产品策划、运营等专业领域，拓展到职业生涯、招聘面试、人生思考等领域，获得了更广泛的职场用户关注，并初步建立起公众号的个人品牌。

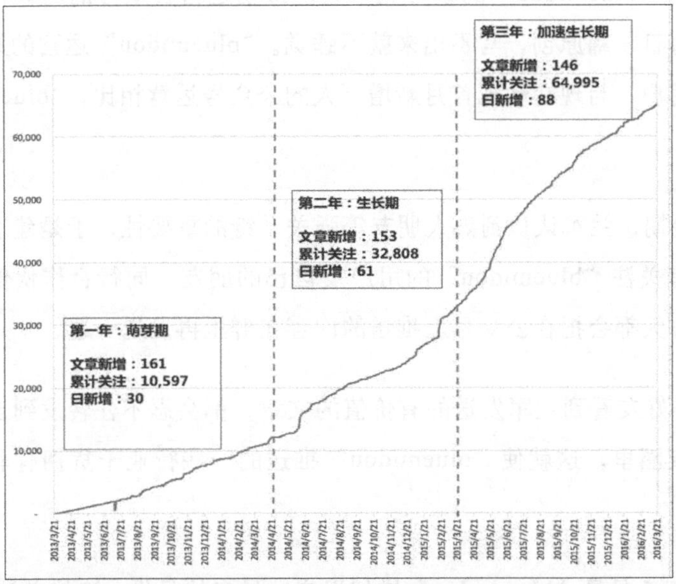

图 10-1　2013 年 3 月～2016 年 3 月“bluemidou”的粉丝增长曲线

截至 2016 年 3 月 23 日，“bluemidou”推送的文章数为 460 篇，订阅人数达 6.5 万人。数字虽然并不惊人，但是对于只有在晚上 12 点之后才有时间写文章的互联网工作者来说，这是非常难得的。

10.2 微信群引流

在微信群里推广宣传你的公众号可以吸引更多用户点击查看你的文章。一些认同你文章价值的用户会因此关注你的公众号，甚至还会转发你的文章，有助于公众号实现更广泛的传播，增加曝光率。另外，在微信红包风靡的情况下，在微信群里发红包也是引流的方法之一。通过微信红包不仅能够回馈忠实用户，还能吸引大量用户围观。下面，我们介绍利用微信群推广公众号的方法。

10.2.1 坚持推送优质文章

我们继续看“bluemidou”的公众号发展期运营。事实上，兰军始终把优质内容作为“bluemidou”的核心竞争力。最初运营公众号的时候，兰军的更新节奏是每日一篇原创，写不出来就不睡觉。“bluemidou”运营的第一年，积累了一万用户，与现在动辄首月新增万人的公众号运营相比，“bluemidou”是比较弱的。

在发展期，兰军认识到熟人朋友等强关系链的重要性，于是建了一个微信群，把所有关注“bluemidou”的用户及自己的朋友、同行合作伙伴等都拉入了该群，每天都会把在公众号上推送的内容在群里再发送一遍。

很多群好友看到兰军发送的有价值的文章，都会忍不住转发到自己的微信群或者朋友圈里，这就使“bluemidou”推送的一些行业干货拥有非常高的转发率。

2015 年 5 月是“bluemidou”增加用户数最多的月份，净增关注用户 5498

人。我们整理了“bluemidou”在 2015 年 5 月推送的 14 篇文章，用户数据如图 10-2 所示。

文章名称	发布日期	送达人数	图文阅读	分享人数	阅读率	分享率
Uber和小米：你看到的是粉丝都是假象	2015/5/21	39,471	26,419	1,085	67%	4.1%
使用Uber打车的理由：乘客的尊严	2015/5/6	37,075	22,244	828	60%	3.7%
携程事件：运维债务的深度剖析与解决方案	2015/5/29	41,288	21,646	902	52%	4.2%
9张图：告诉你Uber出事的真相	2015/5/3	36,436	20,928	499	57%	2.4%
从6.2版本看：微信产品经理教你做产品	2015/5/27	40,805	15,587	610	38%	3.9%
为什么整个互联网行业都缺前端工程师？	2015/5/12	38,054	11,857	792	31%	6.7%
创业：一个智能头盔的互联网+	2015/5/10	37,448	7,375	479	20%	6.5%
Uber深圳运营团队回应：安全第一，每周更新	2015/5/4	36,653	7,182	166	20%	2.3%
下载：产品经理大会演讲PPT全集	2015/5/11	37,834	7,119	424	19%	6.0%
如何玩转分享经济：Uber上海总经理王晓峰谈产品	2015/5/20	38,795	6,554	520	17%	7.9%
传统大鳄创业：寻找互联网产品经理	2015/5/25	40,535	5,268	46	13%	0.9%
用Uber避免被拒载：巧妙使用Uber打车的11条攻略	2015/5/13	38,356	5,063	175	13%	3.5%
你会职场沟通吗：说说分离焦虑	2015/5/31	41,888	4,366	125	10%	2.9%
产品经理可以做个好厨师	2015/5/23	40,214	4,351	104	11%	2.4%
合计		581,254	171,145	6,860	29%	4.0%

图 10-2 2015 年 5 月“bluemidou”每篇文章的用户数据

其中，阅读量最高的三篇文章《Uber 和小米 ：你看到的是粉丝都是假象》《使用 Uber 打车的理由 ：乘客的尊严》《携程事件 ：运维债务的深度剖析与解决方案》都在微信群引起了火爆传播。这三篇文章都是围绕当时的热点话题创作的，而且标题设置吸引眼球，所以能够有效吸引用户点击阅读，并且进行文章的转发传播。在微信群推送优质文章为“bluemidou”带来了更多新用户。

10.2.2 利用微信红包提升用户活跃度

2015 年 2 月 17 日，“bluemidou”进行了一次红包运营，向读者推荐文章目录。这是兰军首次通过微信红包为公众号做传播推广，也是对用户的一次感恩回馈。

如图 10-3 所示，这篇汇集了“bluemidou”300 篇互联网原创文章的目录——《红包来了 ：300 篇互联网产品原创文章目录》的阅读数为 25504 人次，分享人数为 2092 人，为“bluemidou”带来了 3000 多名新增关注用户。

这次红包运营的设计非常成功，用户可以根据个人兴趣点击文章标题，直接跳转到对应的内容阅读，在整体上提升了公众号的阅读率。兰军 2015 年共发出红包 28306.80 元，过年期间发出的红包就有 1 万多元。

2015-02-15 至 2015-02-20

文章标题	时间	送达人数	图文阅读人数	分享人数
为什么不能进红包群?	2015-02-20	30120	8541	151
27次点击，才能拉你入群：BLUES公众号红包...	2015-02-18	29803	7121	53
红包来了：300篇互联网产品原创文章目录 By ...	2015-02-17	28128	25504	2092
小米故事：凭什么把MIUI用户做到1亿?	2015-02-16	28030	3240	242

图 10-3 《红包来了：300 篇互联网产品原创文章目录》的用户数据

运营需要一定的成本投入，而红包作为运营投入的一部分，是非常必要的。与广告推广投放的费用相比，几万元红包的关注用户回馈性价比是非常高的。

10.3 “公众号 + 视频直播”模式快速吸粉

在微信公众号运营火爆的当下，视频直播的风口也已经来临。一些网红主播的年收入已经达到千万级别，小米无人机新品发布会采用视频直播的方式迅速获得上百万网友的围观。可以说，“公众号 + 视频直播”模式是微信公众号快速吸粉，抢占最新风口的绝佳方法。

10.3.1 直播验明正品及制作过程

“公众号 + 视频直播”这种新模式怎么玩？海外代购运营者，可以采用视频直播的方式来验明正品，从而吸引用户关注并解决粉丝信任的问题。运营者需要提前在公众号上公布直播时间，然后用手机直播自己在店里购物、付款、打包、邮寄的全过程，为自己的产品贴上“支持专柜验货”及“支持视频直播全过程”的特色标签。

出售自制产品的公众号运营者可以直播产品的制作过程。比如，你的产品是纯手工饺子或者纯手工蛋糕等，你就可以在公众号上提前公布直播时间，然后用手机直播你制作饺子或者蛋糕的全过程。这种方法既可以提高信任度，让粉丝更信任你，还能勾起粉丝的食欲，提高产品销量。最重要的是，这种方式增加了公众号的娱乐性，让你的公众号独具特色，更有品牌影响力。

10.3.2　直播当地活动、演唱会

随着本地新媒体公众号数量暴增，很多公众号每天推送的内容都是相互转载的，同质化现象非常严重。因此通过高质量的原创内容吸引粉丝成为重要途径。本地新媒体公众号可以配备视频直播，直播当地群众身边发生的新鲜事，比如足球比赛、交通路况、商家举办的演唱会等。用户对家乡发生的新鲜事有着很高的关注度，这样接地气，而且在本地电视台都看不到的直播活动最受用户喜爱。

比如湖北武穴的官方微信公众号直播了当地龙舟赛，创造了“12 万 +”的访问量。武穴是一个只有 80 万人口的小城市，要做出“10 万 +”的文章至少需要团队精心准备一周，而此次直播却只用到了微赞直播，一分钟就轻松完成。

另外，在中国大大小小的城市或者县城里，楼盘开盘、店庆等重要活动经常会举办演唱会吸引顾客。但这种直播具有一定的限制，即演唱会场地比较小，很多粉丝没有机会参加。此时，本地自媒体公众号可以接这种商家的广告，现场直播演唱会，然后把链接发到朋友圈。另外，运营者还可以在直播的聊天框中增加公众号的二维码，吸引精准的本地粉丝。

10.3.3　最佳体验：无须下载 APP，点击链接即可

尽管“公众号 + 视频直播”模式丰富了用户的体验，但是也应该保证不增加用户的负担。如果总是让用户下载 APP，就会让用户离你而去。最佳的观看直播体验是不下载 APP，直接用微信登录，点击链接即可观看。为了满足用户的最佳观看体

验，公众号运营者应该选择怎样的直播工具呢？选择的四个原则如图 10-4 所示。

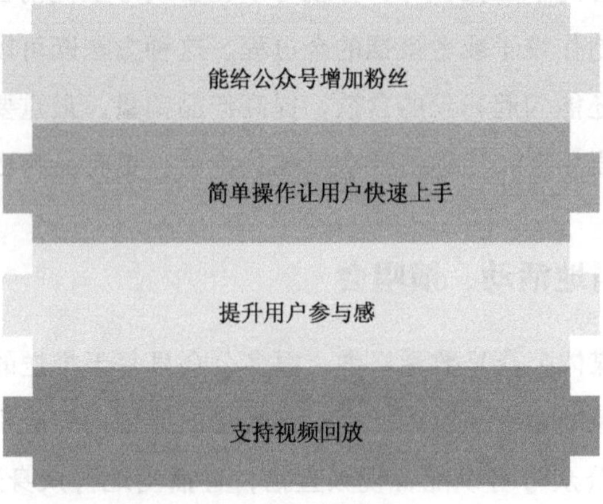

图 10-4 公众号运营者选择直播工具的四个原则

1．能给公众号增加粉丝

运营者选择的直播工具应当能够帮助自己更好地运营公众号，而不是帮助竞争对手。然而大部分直播工具致力于做一个直播平台，都具有推荐同主题直播的功能，这样不利于提升公众号的市场竞争力。所以，运营者要选择一个没有推荐同主题直播功能的直播工具，比如微赞直播。微赞直播会在直播界面的显眼位置展示公众号二维码，通过引导粉丝关注公众号，帮助你快速涨粉。

2．简单操作让用户快速上手

这也是运营者选择直播工具的一个重要原则。最好是用户不用注册账号直接使用微信号就能成功登录，然后进入链接就能成功观看直播。毕竟你所有的粉丝都在微信生态圈里，尽管有直播可以看，他们也不乐意转移到其他阵地。

3．提升用户参与感

在公众号直播过程中，用户应当可以自由评论，运营者也可以回复用户的留言。这样能极大增强用户的参与感，有利于吸引用户关注公众号。这就要求运营者选择的直播工具具有互动功能。

4．支持视频回放

为了降低公众号的运营成本，运营者应当选择支持视频回放功能的直播工具。这样，粉丝就可以多次观看视频，运营者也没有成本负担。

10.4　APP 渠道推广

移动互联网时代，各个领域的创业者每年都会推出不同的 APP，APP 也因此成为公众号推广的一个重要渠道。公众号运营者要准确把握各类 APP 的特点和运用技巧，为自己的公众号推广打下良好基础。本节我们重点介绍社交软件和女性母婴类 APP 渠道的推广。

10.4.1　社交软件类 APP：陌陌、YY 直播

陌陌是一款以地理位置为基础的移动社交 APP，强调陌生人关系的建立和维护。同时，陌陌与人人、微信等社交工具绑定，扩大了用户的社交适应范围。在地理位置设定上，陌陌可以把用户间的距离范围精确到米，这在一定程度上增强了陌生人之间的信任感。陌陌使用户之间不再是简单的网络交流，而是可以用实际距离来衡量的社群关系。

陌陌适合那些强调地区距离的公众号产品。例如，一个销售水果的公众号，其运营者就可以在陌陌上主动联系附近的用户。如果有配送业务，店主就可以利用陌陌在精准定位上的优势，设计优先配送方案。

YY 直播是近两年来最火爆的直播平台之一。截至 2016 年 6 月，YY 直播以 9453 万的下载量位列百度手机助手直播 APP 下载总榜第一。作为老牌的秀场类社交 APP，YY 直播在多个直播 APP 后起之秀的迅猛追击中仍然占有先发优势。此前，YY 也在教育、游戏等领域进行了多次尝试，积累了一定的用户资源。

公众号运营者运用 YY 直播推广时，要关注 YY 直播的聚集群体，比如学

生和游戏玩家。由于 YY 直播的受众群体都是为了某个特定目的活跃在 YY 某个频道，所以运营者应当确定好目标人群，然后再寻找特定房间，对公众号进行推广。

10.4.2 女性社区类 APP："宝宝树"、"妈妈帮"

也可以利用女性社区类 APP 做公众号推广，比如"宝宝树"、"妈妈帮"等。这些女性社区类 APP 的用户都是女性群体，适合将女性群体作为目标用户的公众号做推广。

发布美容、护肤、星座等一些女性喜欢的话题，分享自己的一些经验，最后附上自己的公众号是一种有效的吸粉方法。在发布话题的时候，应当设置极具吸引力的标题，比如"大胆裸，不必妆，你敢吗？"。

"宝宝树"提供了一系列妈妈群体社区，包括孕前、孕中和孕后，用户达到上千万。妈妈帮与之类似，是一款宝妈交流沟通的软件，给妈妈们提供了各种怀孕、生活小常识，以让准妈妈和宝妈更加了解自己的健康状况。

公众号运营者可以在"宝宝树"、"妈妈帮"等社区里发布一些妈妈们比较信任的话题，比如饮食，医疗方面的经验和支持，最后加上"我的微信公众号 ×××××，乐意和宝妈交流"。发布话题之后，运营团队想办法把帖子顶上去，把流量带进来。这种方法通过与别人建立信任感，使公众号的推广效果更好。

10.5 "行业文章 + 行业平台"发布

撰写行业文章，并在行业平台发布推广可以为公众号带来精准流量。运营者应当针对自己的目标客户群选择发布平台，比如旅游领域的公众号可以选择环球旅讯、欣欣旅游等网站，电商类公众号可以找派代网等。

10.5.1　拒绝硬广，做到润物细无声

在行业平台发布行业文章比较适合一些企业推广自己的公众号，自媒体类公众号也可以用这种方法吸引流量。如果发布的文章点击量达到上万，就能引起所在平台用户的关注，从而达到推广公众号的目的。

这种推广方法的关键是文章的质量和发布文章的平台是否相符。关于如何撰写行业文章，网上的各种攻略非常齐全，我们只强调三个要点，如图 10-5 所示。

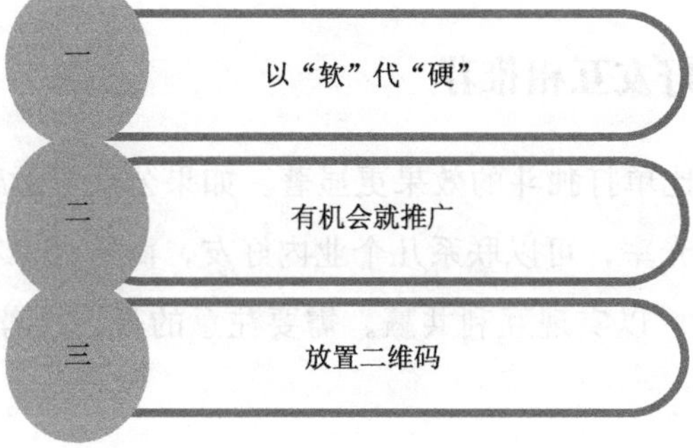

图 10-5　撰写行业文章的三个要点

1．以“软”代“硬”

撰写行业文章应当使用软文写法，适当曝光要推广的公众号。软文是一种隐性广告，其本质是产品的营销和品牌的推广。不过软文推广属于隐蔽式的广告，与硬性广告相比，软文是具有原创性质的文章，而广告只是植入到内容里，所以用户能够被不知不觉地带入营销的圈子中。使用软文的写法推广公众号能够有效侵占用户心智，让用户对公众号产生深刻印象。

2．有机会就推广

需要用公众号举例时，加上自己的公众号；需要用文章举例时，列出公众号以前推送过的文章标题；需要以人说事时，把公众号运营者的名字放上。公众号利用行业文章推广的重要原则就是有机会就推广。作为一名公众号运营者，一定要时刻牢记“推广”二字，只要有机会就推一下自己的公众号。

3．放置二维码

放置二维码是为了将流量导入微信公众号。我们写行业文章的目的就是帮助微信公众号吸粉，如果连一个二维码都没有，就没有办法让用户关注。因此，我们可以结合文章的内容用经验分享的方式把要推广的公众号二维码放到文章中。

利用行业文章推广公众号的方式简单明了，就是将一篇高质量的原创文章或者一系列专题投放到各大行业媒体平台发布，再通过执行力强的运营团队的推广，就可以达到非常好的效果。

10.5.2 与业内好友互相推荐

协同作战一定比单打独斗的效果更显著。如果公众号运营者想让撰写的行业文章有更大的曝光率，可以联系几个业内好友，商定大家在写文章的时候顺便推荐对方的文章，以实现互利共赢。需要注意的是，推荐一定不能太死板，要灵活自然。

兰军曾经受邀参加腾讯举办的面向未来的“WE 大会”，并在会后当天晚上快速整理了《WE 大会 13 场演讲（全集)》，随后在“bluemidou”公众号上推送。后来，这篇文章被腾讯 WE 大会的官方微信公众号转载推荐，为“bluemidou”带来了上千位新增关注用户。

还有一次单日新增用户突破 1400 人得力于媒体界大咖山寨发布会创始人淼叔的推荐。当时，淼叔在虎嗅网发表文章《滴滴打车的产品设计黑魔法》，文章中提到了“bluemidou”翻译过的“产品经理的黑魔法”系列文章。

很多用户都因为淼叔的推荐关注了“bluemidou”，并刷新了单日新增用户纪录。如果不是“bluemidou”持续生产原创内容，因为推荐而关注的新用户很快就会流失。所以，公众号运营者应当时刻做好准备，多多沉淀内容，机会随时都有可能来到。

11

公众号成熟期实战推广技巧

11.1 微信联盟推广

11.2 相关号合作互推

11.3 微信小号为大号引流

11.4 微博大 V 推广

11.5 线下推广活动

经过粉丝增长迅速的发展期，市场需求趋于饱和，粉丝增长逐渐放缓，公众号将进入一个相对成熟的阶段。此时，运营者最主要的任务是保持粉丝的增长，在原有推广渠道不变的情况下，探索新的推广方法。由于此时的公众号已经具备一定的粉丝基础，而且势能也达到了一定的强度，所以粉丝增长的可能性还是很大的。

11.1 微信联盟推广

微信联盟是新媒体时代的合作模式。这种合作方式使各运营方在内容资源、技术经验、品牌推广等多个层面展开全面合作，强化各微信媒体间的信息沟通和经验交流，推动各微信媒体协同合作、互惠互利，力争实现成员间资源共享、信息互通。作为一个整体，微信联盟可以增加各成员的曝光度，进行互推，

11.1.1 大联盟：综合性联盟、行业联盟

综合性联盟和行业性联盟是微信联盟的两种类型。综合性联盟包括WeMedia 自媒体联盟、微媒体联盟、速途网自媒体联盟、牛微联盟等。行业性联盟有犀牛财经联盟、亲子生活自媒体联盟、SocialAuto 汽车行业自媒体联盟、地产自媒体联盟等。

WeMedia 自媒体联盟是由一群具有互联网精神的资深媒体人、投资人、移动互联网研究者、创业者和生活达人组成的，覆盖时尚、生活、科技、财经、汽车、文学等领域。“青龙老贼（朱晓鸣）”是 WeMedia 自媒体联盟的创始人兼 CEO。

“bluemidou”公众号就是 WeMedia 自媒体联盟的成员。“青龙老贼”邀请兰军加入 WeMedia 自媒体联盟的时候，兰军称自己不是做专业媒体的，只是在业余时间写写东西。而“青龙老贼”说：“看你写的文章，都很实在，来吧，到联盟一起玩。”就这样，“bluemidou”公众号成为 WeMedia 自媒体联盟中的一员。

于是，“bluemidou”开始和 WeMedia 自媒体联盟中的其他成员进行相互推荐，形式通常是在文章后面放三个自媒体公众号推荐。每次互推，双方都会有几十或者几百个新增关注用户。如果有一千以上的新增关注用户，说明遇到优质的互推对象和对口用户了。

11.1.2　小联盟：自建联盟，无须付费

一般来说，加入综合性联盟或者行业联盟都是有门槛的，有的甚至还需要付费。对于资源不足的公众号运营团队来说，自建一个具有可控性的联盟具有更大的优势。自建联盟不仅不需要付费，还可以获得更强的后期爆发力。

你可以将周边同行业运营公众号的合作伙伴聚集起来，建立一个微信小联盟，互利共赢。比如“91 运营网”是一个关于移动互联网电商的公众号，我们就可以围绕移动互联网电商这一中心联合其他合作伙伴共同组建自己的联盟。自建联盟之后，前期可能耗时耗力，但是有一定积累后，后期的流量引爆速度会很快。

11.2　相关号合作互推

互推是一种双赢的合作方式，前提是互推双方应当有一定的相关性，用户群范围有一定的重叠。在公众号的成熟期，公众号已经具有一定规模的用户数和图文阅读量，运营者很容易就能根据自身条件找一个能力相当的互推对象。

11.2.1　破百万粉丝的五种互推方式

很多微信公众号的运营者都知道互推这种方式，但却不知道具体怎么执行。为了帮运营者们解开疑惑，下面我们就来说说破百万粉丝的五种互推方式，如图 11-1 所示。

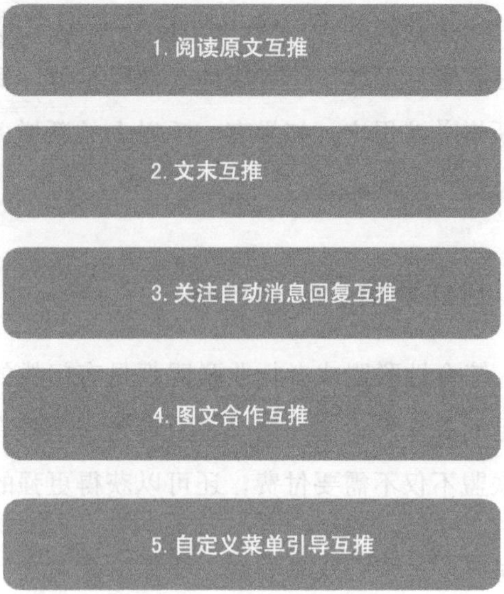

图 11-1　*五种互推方式*

1．阅读原文互推

阅读原文互推是指公众号在编辑素材时，把本来应该添加的原文链接换成互推对象的链接。由于这种互推方式只能够添加一个链接，所以大家可以共推一个链接，而这个链接上有大家的公众号可供选择。

我们看公众号文章的时候，经常可以在文章最后看到“阅读原文”的提醒。如果点击“阅读原文”，就会看到推荐关注的公众号。以粉丝的关注度来看，由于链接在文章最后不起眼的地方，所以很难注意到，这就导致点击率非常低。但是如果互推人数较多，也可以吸引可观的粉丝数，尤其是组团互推。

2．文末互推

文末互推是大部分公众号采用的互推方式，即在文章后面互相推荐彼此的公众号，粉丝看到这些推荐后就可以对其进行关注。文末互推也是一种高效的互推方式，而且不会造成大量掉粉。运营者可以找几个长期合作的互推对象，但数量要控制在 5 个以内。综合来看，文末互推的方式操作简单、效果好。

3．关注自动消息回复互推

关注自动消息回复是指每当有新粉丝关注你的公众号时，公众号会自动发送一条消息给粉丝。公众号运营者可以利用这一功能进行互推。但由于新粉丝没有黏性，而且也不了解你的内容，很容易因为操作不当而取消关注。因此，如果运营者的引导和话术表达能力不够强大，最好不要使用这种互推方式。

4．图文合作互推

以图文方式直接互推的效果无须多说，因为其直接呈现在用户眼中，所以效果明显。但是粉丝对你的期待主要是优质内容，偶尔发一条广告或者互推影响不大，但如果长期推送，则会引起部分粉丝反感，从而取消关注。当然如果你的互推文案写得好，可以在一定程度上减轻掉粉问题。

5．自定义菜单引导互推

微信的订阅号和服务号都有自定义接口权限，开通后就会有自定义菜单。在自定义菜单上添加“关注或者联系我们”的页面，用户就可以点击到你的互推对象的公众号引导关注页面。这种互推方式的前提是你必须开通微信自定义菜单。这是一个不错的互推模式，老粉丝很容易被互推到对方的微信号上。

公众号互推对于成熟期的公众号来说是一个不错的吸粉方式。但是任何事情都有两面性，因此运营者一定要把握好度，不要得不偿失。

11.2.2　互推模板：2016 最新、最好、最值得关注的十大微信公众号排行吐血推荐

《2016 最新、最好、最值得关注的十大微信公众号排行吐血推荐》是今日头条官方微信公众号推送的一篇图文信息，文中推荐了 10 个微信公众号，如图 11-2 所示。今日头条使用的互推方式就是图文合作互推，由于其粉丝黏性高，因此不会出现明显的掉粉现象。

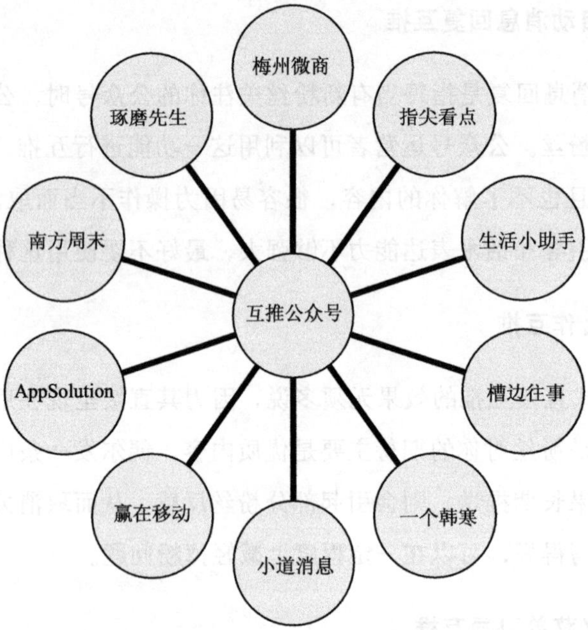

图 11-2　十个互推公众号

1．梅州微商（微信号：tuhao0753）

《2016 最新、最好、最值得关注的十大微信公众号排行吐血推荐》对“梅州微商”的推荐文案如下：“这是我看到为数不多做得不错的地区微信号，每天为大家搜罗梅州最好玩、最好吃、最便宜、最有意思、最有创意的资讯信息，同样也会有互联网上最有意思、最有学习性的信息内容，不管是来自梅州或者是其他地区的朋友，都值得大家关注一下。”

2．指尖看点（微信号：zp4007500888）

《2016 最新、最好、最值得关注的十大微信公众号排行吐血推荐》对“指尖看点”的推荐文案如下：“这里有微信运营大咖的呕心沥血之作，分享微信运营知识技巧干货，小编强力推荐，强烈推荐大家关注。”

3．生活小助手（微信号：shenghuoXZS）

《2016 最新、最好、最值得关注的十大微信公众号排行吐血推荐》对“生活小助手”的推荐文案如下：“史上最强大的微信机器人，可查天气、查快递、查公交、查火车；会算人品，会聊天解闷，会唱歌，会解梦，会翻译，能猜谜语，能问答，真心强大，不服不行！”

4．槽边往事（微信号：Bitsea）

《2016 最新、最好、最值得关注的十大微信公众号排行吐血推荐》对“槽边往事”的推荐文案如下：“离开了微博的和菜头去了哪里？答案：微信。槽边往事的微信账号被定义为和菜头的微信 Blog，他会给你分享各种新鲜资讯。对，是各种资讯，上到社会新闻、中到科技产品、下到菜谱保健。在这个娱乐至死的信息世界里，和菜头偶尔的一篇文章或一张插图，或许能让你感受到清净。”

5．一个韩寒（微信号：one_hanhan）

《2016 最新、最好、最值得关注的十大微信公众号排行吐血推荐》对“一个韩寒”的推荐文案如下：“由原《独唱团》团队捉刀，‘一个’不光登录应用市场，还登录微信账号——每天不会推太多东西，只有一篇文章。对比应用来说，‘一个’在内容上显得更纯粹，而且文章的内容依然高质量。一般来说，如果你只想看看小说，以及对韩寒的团队有信心，那么只要订阅‘一个’的微信公众账号就够了。”

6．小道消息（微信号：WebNotes）

《2016 最新、最好、最值得关注的十大微信公众号排行吐血推荐》对“小道消息”的推荐文案如下：“原支付宝数据架构，现在的丁香园 CTO 冯大辉（Fenng）维护的一个公众号，口号是：只有小道消息才能拯救中国互联网，内容有小道消息博客的内容，也有一些内幕，近期开始推荐一些公众号，IT 业界的朋友可以关注。”

7．赢在移动（微信号：weimobi-cn）

《2016 最新、最好、最值得关注的十大微信公众号排行吐血推荐》对“赢在移动”的推荐文案如下：“微拼团，众筹系统等软件开发，云分销，渠道管控，用全新方式颠覆传统微商，没有欢乐不起来的理由，没有颠覆不了的渠道。让每个人每天花十分钟，学习中轻轻松松薅羊毛。”

8．AppSolution（微信号：appsolution）

《2016最新、最好、最值得关注的十大微信公众号排行吐血推荐》对“AppSolution”的推荐文案如下：“是微信上最大的，推荐‘新酷’应用的地方——上面推荐的应用不但够新够快，而且别具一格。除了注重应用的‘生鲜’程度以外，AppSolution也十分注重应用本身的美感、品位，每次挑选都经过了反复斟酌与思量。”

9．南方周末（微信号：nanfangzhoumo）

《2016最新、最好、最值得关注的十大微信公众号排行吐血推荐》对“南方周末”的推荐文案如下：“纸媒的全新呈现，继承其‘反映社会，服务改革，贴近生活，激浊扬清’的特色，深度报道、精选文章，让您在微信上，也能读懂中国！”

10．琢磨先生（微信号：zhuomoweixin）

《2016最新、最好、最值得关注的十大微信公众号排行吐血推荐》对“琢磨先生”的推荐文案如下：“这个微博‘红人’也来到了微信，正如它自己的描述，‘我偶尔会发个脱口秀，偶尔会吐个槽，偶尔会拍个照，偶尔会在机场扯个淡，偶尔会戏说下四大名著，偶尔会感叹下儿女情长……’。有粉丝如此留言，就是为了听先生讲段子，他专门注册了微信。真好奇，这用声音讲出来的段子就有这么大吸引力？”

11.3 微信小号为大号引流

微信小号导大号是指通过个人微信号与用户互动，最后将粉丝引入到微信公众号上。这种引流方法非常灵活，可以随时随地了解每一个粉丝，掌握他们的动态。而且，个人微信号可以实现一对一互动，具有强大的客服能力，有利于直接与粉丝进行互动、答疑，从而引导他们关注公众号。

11.3.1 小号重在精养

如果想通过小号吸引粉丝，就必须重视小号的精养。比如，定期对微信好友进行问候，让他们对你产生亲近感，把你当作一个真正的朋友。这样，当你将自己推送的文章转发到朋友圈的时候，微信好友们才乐意参与转发。利用小号的朋友圈引流是有技巧的，而不是转发完就没事了。利用小号朋友圈引流的技巧，如图 11-3 所示。

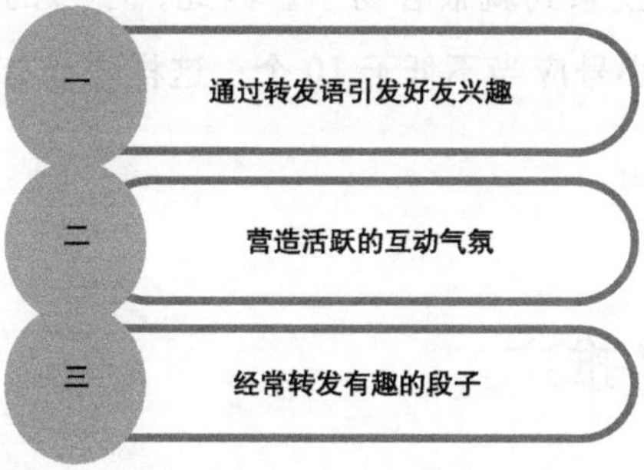

图 11-3 利用小号朋友圈引流的三个技巧

第一，通过转发语引发好友兴趣。运营者将公众号文章转发到小号朋友圈时，千万不要嫌麻烦，应将自己阅读文章的真切感受写成转发语，一起转发。转发语就相当于文章摘要，可以让更多的微信好友产生兴趣点击进去。

第二，营造活跃的互动气氛。运营者应当邀请几个同事或者好友对自己的文章进行评论互动，产生互动感，吸引其他好友注意。从众效应就是这样引发的。

第三，经常转发有趣的段子。有趣的段子或者生活化的小视频非常容易引发朋友圈的好友互动。

11.3.2 引流通道：名字和个人资料

为了加强微信小号与公众号的联系，微信小号可以选用比较直接的、与公众号相关的名字和头像。比如你的公众号与互联网营销、产品运营有关系，那你的一批微信小号就可以叫“互联网干货分享”“产品运营实操案例”等。

直接的头像与微信名字有一个优势，那就是当用户搜索相关内容的时候，比如“产品运营”,你的信息就会首先显示出来,从而增加被用户关注的可能性。

通过微信小号与用户互动，最好不要直接发布公众号的广告，等到时机成熟后再发广告比较安全。运营者可以把公众号信息放在个人资料里，让粉丝自动点击观看。一个账号的影响力非常小，发送的信息也很难被搜索到，但是如果你有大量账号，被搜索到就很容易了。因此，小号的数量是关键。对一个公众号来说，精养的小号应当不低于 10 个，这样才能有效为公众号引入大量流量。

11.4 微博大 V 推广

当公众号依靠现有资源无法突破粉丝增长的瓶颈的时候，运营者就应当借力为公众号拉来粉丝。就像一个企业在不断做大做强的过程中需要吸引外部投资，而企业创始人就会想方设法拉拢投资人一样。让拥有大量粉丝的微博大 V 推荐自己的公众号是通过借力获取大量粉丝的途径。

11.4.1 “国民老公”王思聪的影响力

王思聪在微博上的影响力不容小觑。网友们调侃说，“新浪微博现可分为四大门派：@ 王思聪的老婆们、@ 韩寒的女婿们、@ 李易峰的女友们、@TFBoys 的妈妈们。”

尽管王思聪微博的个人签名是“为人低调的网红小王”，然而其口无遮拦、狂放不羁的发言总是能够成为众人关注的焦点，而王思聪也成为众多女子争相想要嫁给的“国民老公”。

截至 2016 年 8 月，王思聪的微博粉丝数为 2073 万人。在两千多万粉丝的围观之下，王思聪制造话题的能力绝对无人能敌，随随便便一句话就能够掀起舆论风波，让平日里苦思选题的记者们叹为观止。

在王思聪近 1500 条的微博中，有一半以上都为原创。其中，上百万的转发量和点赞数、几十万的网友评论构成新浪微博里一道著名的景观。

微信公众号运营者，如果能够吸引王思聪在其微博上进行推荐，那么效果一定是非常惊人的。当然，对于王思聪的推荐，我们想一想就算了。但是其他普通微博大 V，我们还是可以争取一下的。

11.4.2　公众号如何引起微博大 V 青睐

获取微博大 V 的推荐需要讲究方法和策略，如图 11-4 所示。

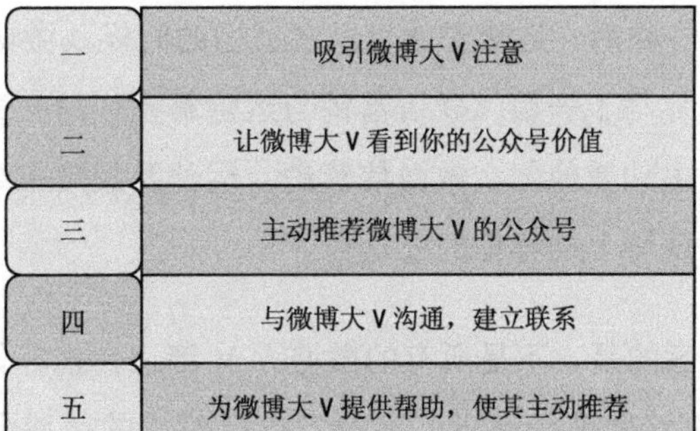

图 11-4　获取微博大 V 推荐的方法和策略

1．吸引微博大 V 注意

获取微博大 V 推荐的第一步就是让他知道你是谁，你在做什么。最好的方法就是在大 V 的微博里与其沟通，在其微博下留言，提出自己的观点。这样可以增加与大 V 的互动机会，吸引大 V 的注意力和关注。

2. 让微博大 V 看到你的公众号价值

微博大 V 不可能推荐一个陌生的公众号，因为他不会拿自己的粉丝开玩笑。如果你的公众号上全是广告，微博大 V 绝对不会推荐你的公众号，就算你花钱也不行。只有让微博大 V 认识到你的内容很有价值，对他的粉丝有帮助，而且让他了解到你的公众号很有特色，他才有可能去推荐。

3. 主动推荐微博大 V 的公众号

只有付出，才能得到回报，这是亘古不变的道理。运营者可以先利用自己的能力帮助微博大 V 宣传他的微博和公众号，在自己的公众号里推荐分享他推送的文章，引起他的注意。如果连这一点都做不到，怎么要求别人帮助你呢？

4. 与微博大 V 沟通，建立联系

个人微信号、QQ 号、手机号等都是与微博大 V 建立联系的方式。有了这些沟通方式后，你可以偶尔与微博大 V 聊聊天，以建立起关系。

5. 为微博大 V 提供帮助，使其主动推荐

完成以上四个步骤后，运营者就可以在适当的时候找微博大 V 推荐自己的公众号了。比如，你写了一篇《微信营销与运营解密》的文章，并在与微博大 V 的沟通聊天中，主动教他怎么做微信营销、运营及战略布局。然后，微博大 V 一定会主动在其微博上推荐你的公众号。

运营者需要注意的是，不是所有的微博大 V 都适合推荐你的公众号。你应当对微博大 V 的粉丝群进行分析，寻找与自己对口的微博大 V，这样才能达到吸引精准粉丝的目的。

11.5 线下推广活动

线下推广活动也是推广公众号、获取粉丝的来源之一。比如分享小沙龙、协

助其他公众号举办线下活动等都可以提升公众号的曝光度。“91 运营网”的运营者为了推广微信公众号，每个月都会参加两三次线下行业交流会，并通过电子商务、移动互联网创业这些主题活动扩充人脉资源，让他们帮忙推广微信公众号。

11.5.1　小活动则深入交流、大活动则拓展人脉

公众号如果打算通过线下推广活动吸粉，那么应当尽早做出一个完整的计划。当然，这个计划要有助于活动的有效开展及公众号的有效推广。下面我列举了四个经验小技巧，如图 11-5 所示。

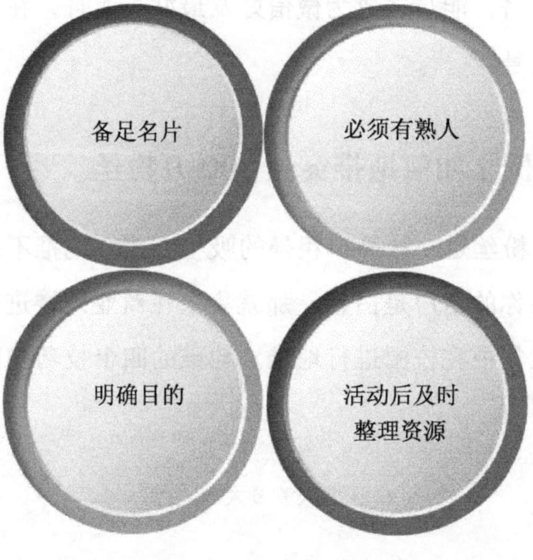

图 11-5　参加线下推广活动的四个经验小技巧

1. 备足名片

参加活动前，运营者应当备足名片，将名片送给新结交的朋友。如果方便，还可以互相添加为微信好友。在正式的活动中，互换名片比互相添加微信更礼貌一些。

2. 必须有熟人

尽量不要参加谁都不认识的活动，除非有人愿意和你交流，否则会非常尴

尬。如果活动中有熟人，则可以请他帮忙把你介绍给大家。

3．明确目的

参加不同活动应当有不同的目的。如果是人数较少的小规模活动，那么运营者应当注意与其他人深入交流，加深联系；如果是人数较多的大型聚会，那么运营者应当以认识新朋友为主，拓展人脉。

4．活动后及时整理资源

活动结束之后，公众号运营团队应当及时整理资源。对于感兴趣的朋友，一定要及时取得联络，能与之成为微信好友最好。而且，在日后的交流中不要忘记推广你的公众号。

11.5.2 实战案例：如何地推突破 100 万粉丝

通过地推增加粉丝是一种简单粗暴的吸粉方式。地推不是盲目的，应当有一个大方向，如果你的用户是白领，那就集中在商业大楼进行地推；如果你的用户是大学生，就集中在校园进行地推。地推的四个技巧如图 11-6 所示。

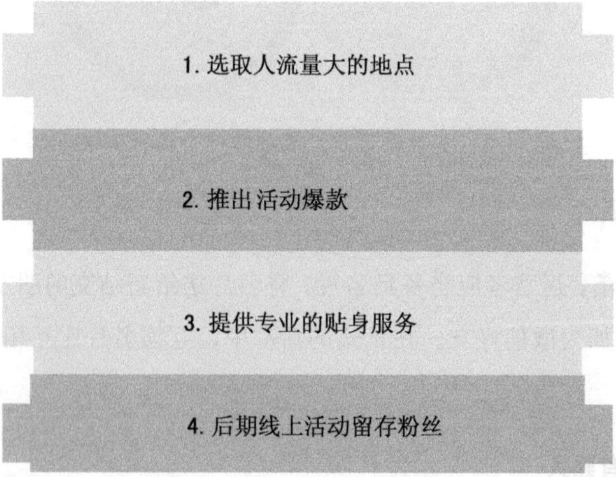

图 11-6　地推的四个技巧

1．选取人流量大的地点

运营者可以根据自己的目标粉丝群选择地推地点，前提是人流量要大。繁华商业街、厂区门口、小区门口、学校门口等都是人流量大、粉丝精准度非常高的地推地点。

2．推出活动爆款

每次地推活动都应当推出一个爆款产品来吸引受众。比如扫描二维码关注公众号就可以获得一个大白宠物玩偶，与线上活动的引流款类似，可以有效吸引粉丝关注。

3．提供专业的贴身服务

在地推的过程中，应当有专业人员对现场围观人群提供详细的指导与疑问解答，手把手教他们如何关注自己的公众号。

4．后期线上活动留存粉丝

粉丝进来之后还需要通过一些手段进行留存，使他们不至于获得礼物后就取消关注。由于地推获得的粉丝都对活动具有一定的积极性，所以运营者可以通过后期线上活动留存这些用户。

我们再次强调，地推应当尽可能选择用户比较集中的地方，人越多越好，然后以赠送小礼品的方式获取用户。

12

公众号后台数据分析

12.1 公众号运营者需要有数据感

12.2 微信公众号后台数据分析

12.3 用户增长来源分析

12.4 图文阅读分析

12.5 用户属性分析

微信公众号竞争日益激烈，在这种情况下，通过数据分析对公众号进行有效的把握掌控有利于在粉丝争夺大战中立于不败之地。运营者充分了解自己公众号的现状及优劣势已经成为一种必备技能。

12.1　公众号运营者需要有数据感

运营公众号是一件技巧活儿，而不是一味地埋头苦干。运营者需要随时掌握该领域的最新数据和动态，对自己的后台数据进行分析，不断提升和优化。这就要求运营者具有数据感，也就是懂数据分析，能够从数据中找到最佳盈利模式。

12.1.1　数据分析的结果最完整、最真实

人类早已进入大数据时代，文字、沟通、地理位置，甚至体重、情绪、表情等都在被数据化。数据已经从基本用途扩展为包括未来潜在用途的生产资料，成为像水、石油、电一样的公共资源。

数据的无限魅力在于可以通过数据分析将事物的本质和发展动向完整、真实地呈现出来。公众号运营者要先看得懂自己公众号后台的数据，然后才是分析。通过分析后台数据，运营者可以发现运营过程中的问题及优点，然后做出更好的运营方案，为公众号的发展提供不竭的动力。

而且，运营者还要善于收集用户反馈的内容，并将这些内容整理成数据。通过对这些数据的全面分析，运营者可以洞察用户喜爱的内容，然后迎合用户的喜好，增加用户对公众号内容的喜爱和赞赏。可以说，数据分析可以在很大程度上决定公众号是否会受用户欢迎。

12.1.2　数据感可以后天培养

公众号运营者可以从以下五个方面来培养自己的数据感，如图 12-1 所示。

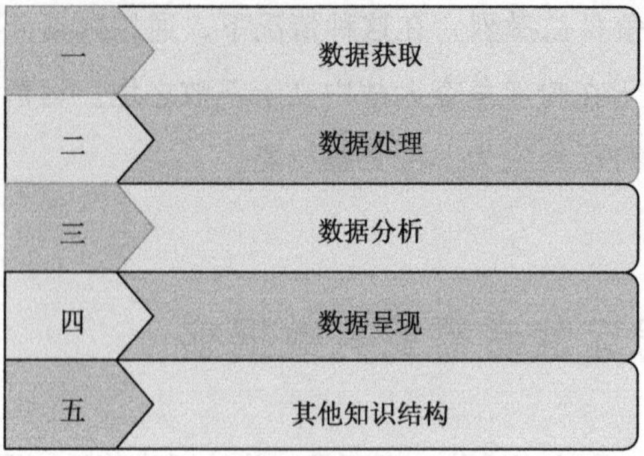

图 12-1　公众号运营者培养数据感的方法

1．数据获取

公众号运营者要学会把运营问题转化为数据问题，确定从哪些方向分析问题。确定问题后就可以采集数据了，这需要运营者使用结构化的思维及对问题的理解能力。运营者可以阅读《金字塔原理》《麦肯锡意识》《麦肯锡工具》《麦肯锡方法》等书籍，学习使用思维导图、MindManager 等软件。

2．数据处理

数据处理是数据分析的重要环节，需要用 70% 以上的时间。公众号运营者要学习使用先进的数据处理工具，提高数据分析效率。最新、最有效的数据处理工具包括 Excel、UltraEdit、Access、Oracle、SQL Server、SPSS Modeler、SAS、R 开源软件等。

3．数据分析

数据分析离不开各类数据模型，包括预测模型、关联规则、分类、聚类等。运营者可以阅读《谁说菜鸟不会数据分析（入门篇）》和《谁说菜鸟不会数据分析（工具篇）》等入门级数据分析类书籍。

4．数据呈现

数据分析的结果应当用图表、PPT 或者 Word 呈现出来。运营者可以阅读《说服力让你的 PPT 会说话》《别告诉我你懂 PPT》等书籍。

5．其他知识结构

除了以上数据分析知识以外，公众号运营者还应当具备市场研究、营销管理、心理学、行为学等方面的知识，构建完整广泛的知识体系。运营者可以阅读的书籍有《消费者行为学》《互联网思维——独孤九剑》《大数据时代——生活、工作与思维的大变革》等。

12.2　微信公众号后台数据分析

微信公众号后台数据分析对运营者的工作有两个帮助：一是验证，验证前面的运营效果的好坏；二是启发，发现微信公众号运营方面的技巧。

12.2.1　微信公众号运营的基础数据

微信公众号运营的基础数据都在微信公众平台的统计模块中，共包括四项，如图 12-2 所示。

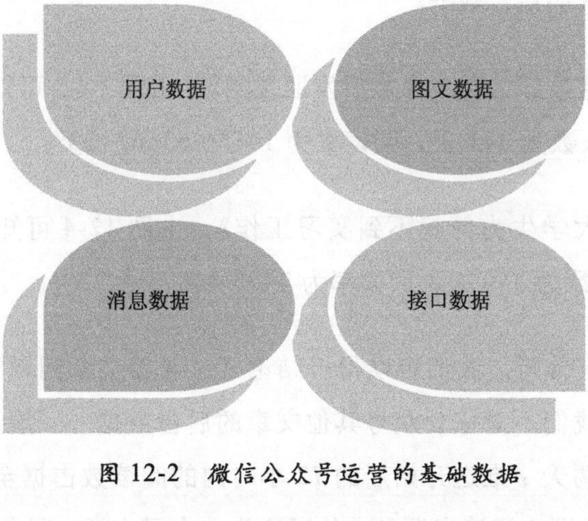

图 12-2　微信公众号运营的基础数据

1．用户数据

用户数据是与时间维度相关的用户数量（增长、减少及总和）、用户来源等，可以多维度组合查看，还有基于全部用户的性别、地域、手机型号等属性的分布情况。

2．图文数据

图文数据是与时间维度及文章维度相关的图文阅读量、点赞量、转发量、收藏量等数据，与用户数据一样也可以多维度组合查看。

3．消息数据

消息数据是与时间维度及关键词维度相关的消息数据。

4．接口数据

接口数据是指调用技术接口的次数。专业技术人士才会有相关数据，普通公众号运营者不会涉及相关数据。

12.2.2　验证

先看两篇文章的后台数据。

第一篇是《老板怎么看：加班后发朋友圈》，由图 12-3 可知，其阅读数为 14556 次，分享人数为 341 人，阅读率为 14556/63662=23%。

第二篇是《大学生为何找不到实习工作》，由图 12-4 可知，其阅读数是 7455 次，分享人数为 340 人，阅读率为 7455/63873=12.3%。

经过后台数据分析，我们可以得出结论（这两篇文章同属于一个公众号，限于篇幅原因，我们不对该公众号其他文章的后台数据一一展示）：文章的生命周期通常为一两天；推送开始后的 72 小时内的阅读数占据全部时间周期至少 90% 的阅读量；图文阅读来源最大的通道为公众号会话、朋友圈、好友转发。

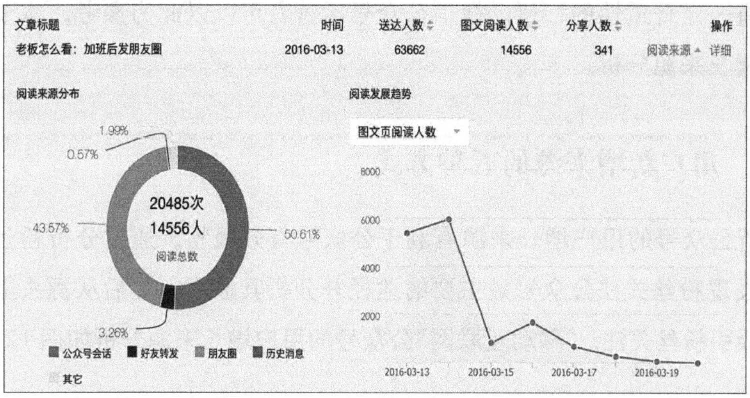

图 12-3 《老板怎么看：加班后发朋友圈》的后台数据

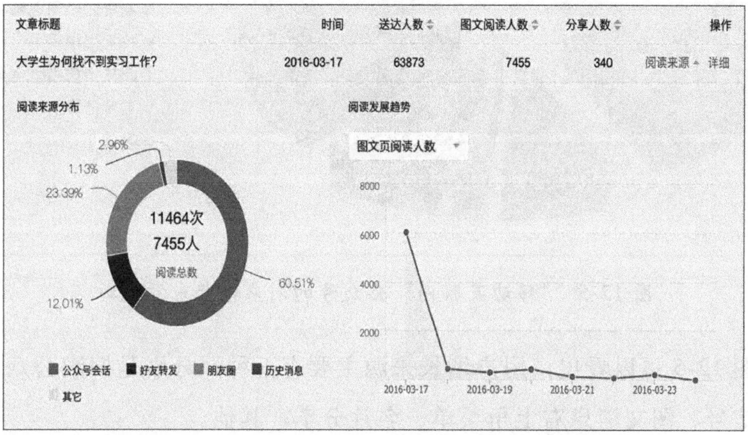

图 12-4 《大学生为何找不到实习工作》的后台数据

综上所述，数据分析的结果有助于运营策略的重新调整。运营者应当保留效果显著的策略，放弃用处不大的策略，然后制定出一个全新的经营策略。

12.3 用户增长来源分析

“移动互联网”公众号运营者契约对该公众号从 2016 年 7 月 9 日到 8 月 9 日的数据进行了详细分析，主要分为用户增长来源分析、图文阅读分析和用户属性分析三部分。尽管“移动互联网”是科技类公众号，但是数据影响因素分析是具有一定普适性的，所以微信公众号运营者可以以此为参考。本节主要讲解用户增长来源分析。

12.3.1 用户新增来源的五种方式

分析公众号的用户增长来源有利于公众号有效吸粉。通过分析粉丝增长来源可以发现粉丝关注公众号最主要的途径并分析其原因，然后从源头上加大力度重点吸引粉丝关注。“移动互联网”公众号的用户增长来源分析如图 12-5 所示。

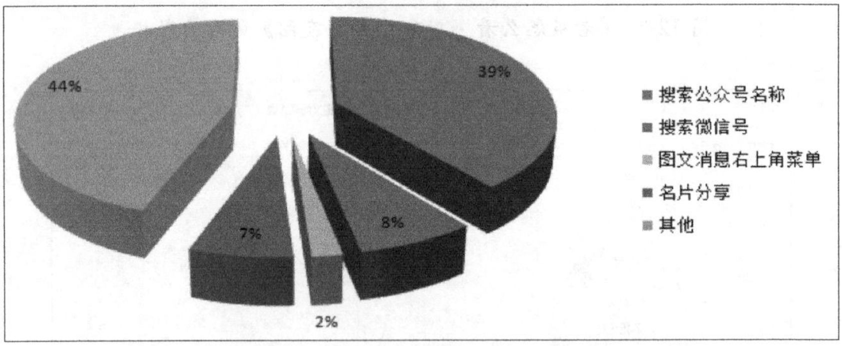

图 12-5 “移动互联网”公众号的用户增长来源分析

由图 12-5 可以看出，用户增长来源主要有五种，分别是搜索公众号名称、搜索微信号、图文消息右上角菜单、名片分享、其他。

1. 搜索公众号名称

此来源主要是指用户通过直接搜索微信公众号名称关注。前提是公众号本身就是一个品牌，当用户有需求的时候能搜索到，比如“可口可乐”“北京（地方号)”“移动互联网”等。因此，公众号名称应当与定位相符，有利于被搜索到。比如“移动互联网”这个名称就非常符合其定位，这是其搜索排名始终占据第一名的重要原因。在“移动互联网”的粉丝来源里，这一渠道占了 39%。

2. 搜索微信号

通常，通过搜索微信号关注的粉丝都是通过微博、贴吧等社交平台或者线下渠道互推进来的。由于微信公众号一般都带有字母和数字，记忆和输入相对比较困难，所以最好结合公众号的名称设定 ID，让人容易记忆和输入。“移动互联网”通过搜索微信 ID 吸引的粉丝占比不高，仅为 8%，这与其很少参加互推有关系。

3．图文消息右上角菜单

图文消息右上角菜单的粉丝入口隐藏较深，而且在 PC 端阅读时根本不会出现。因此，很多运营者因为操作麻烦放弃了这一入口。“移动互联网”通过这个渠道引入的粉丝占比较少，只有 2%。

4．名片分享

名片分享是一种非常直接的引入粉丝的方式，一般都是通过口碑传播。这一数据占比越高，说明公众号的质量越好。“移动互联网”的这一粉丝来源占比为 7%。

5．其他

“其他”主要是指图文标题下的引导点击“蓝字”关注、扫描微信公众号的二维码等构成方式。一般，“其他”是粉丝来源最多的渠道，“移动互联网”也不例外，这一渠道占了 44%。

12.3.2　最大粉丝来源渠道——“其他”

“其他”一般包括三个渠道，如图 12-6 所示。

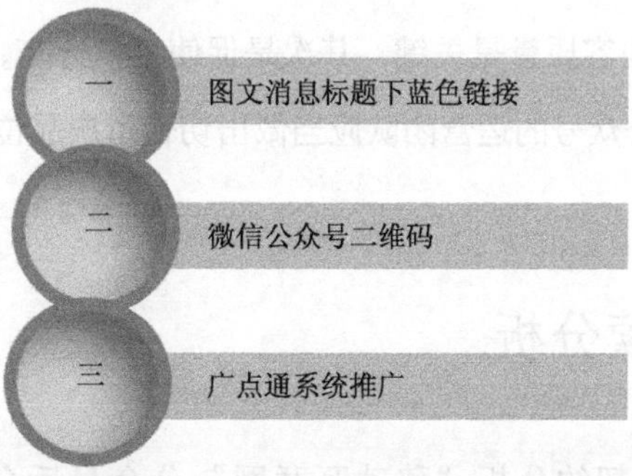

图 12-6　“其他”包括的三个渠道

1. 图文消息标题下蓝色链接

图文消息标题下蓝色链接是较常见的一种关注方式，而且很方便，用户点击一下就可以弹出关注界面。很多公众号都会在图文页面中加上提示，让用户关注公众号。

2. 微信公众号二维码

微信公众号二维码包含线上二维码与线下二维码两种。线上二维码常见于 PC 端页面、视频广告及 QQ 群中；线下二维码的展示包括宣传单、商品包装盒、快递、线下促销活动海报或电视等。

3. 广点通系统推广

公众号开通广点通广告系统之后，读者只要点击文章最底部的蓝色链接，就会跳转到新页面，可以直接通过右下角的“关注”按钮关注公众号。“尚品宅配”公众号就利用广点通在一个多月内积累了 50 多万个粉丝，其粉丝来源中“其他”的占比在 95% 以上，非常惊人。

在“其他”的三个渠道中，图文标题下蓝色链接是性价比最低的渠道。对于这一粉丝主要进入渠道，我们进行溯源分析及情景还原。

用户首先通过朋友的分享进入阅读，然后发现文章内容质量非常好，就会点击图文标题下蓝色链接进行关注，并把文章分享给其他朋友，从而构成一个循环。在这一过程中，文章的内容质量是关键，其次是促使用户分享。因此，为了加强这一粉丝增长来源，微信公众号的运营团队应当做出切合用户品位，让用户喜欢的文章。

12.4 图文阅读分析

图文阅读分析是契约分析“移动互联网”公众号后台数据的第二个环节，

是非常关键的一个环节。微信公众平台后台系统的图文分析进行了多次更新迭代，足以体现出其不可或缺性。下面，我们一起来看看“移动互联网”的图文阅读分析。

12.4.1 重点分析七个数据指标

图文页阅读人数、图文页阅读次数、原文页阅读人数、原文页阅读次数、分享转发人数、分享转发次数、微信收藏人数是图文阅读中的七个数据指标。图文阅读分析主要是对这七个数据指标进行分析。

无论是哪一个数据指标，其数据来源都包含五个渠道，分别是会话、好友转发、朋友圈、腾讯微博及历史消息。“移动互联网”的图文页阅读人数及图文页阅读次数的数据，如图 12-7 和图 12-8 所示。

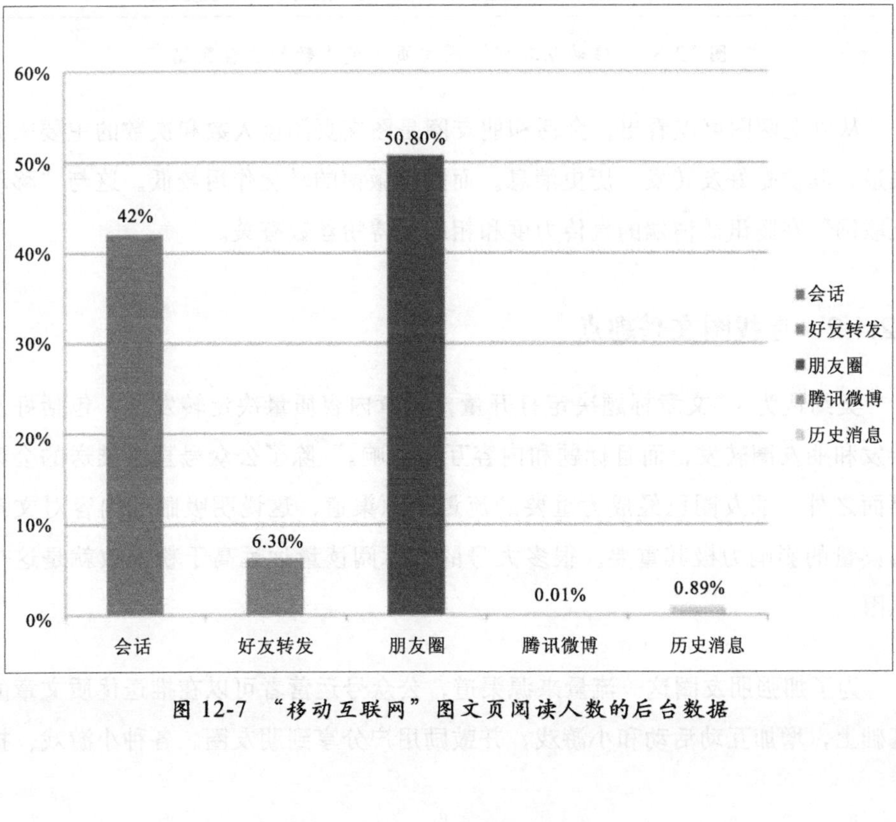

图 12-7 “移动互联网”图文页阅读人数的后台数据

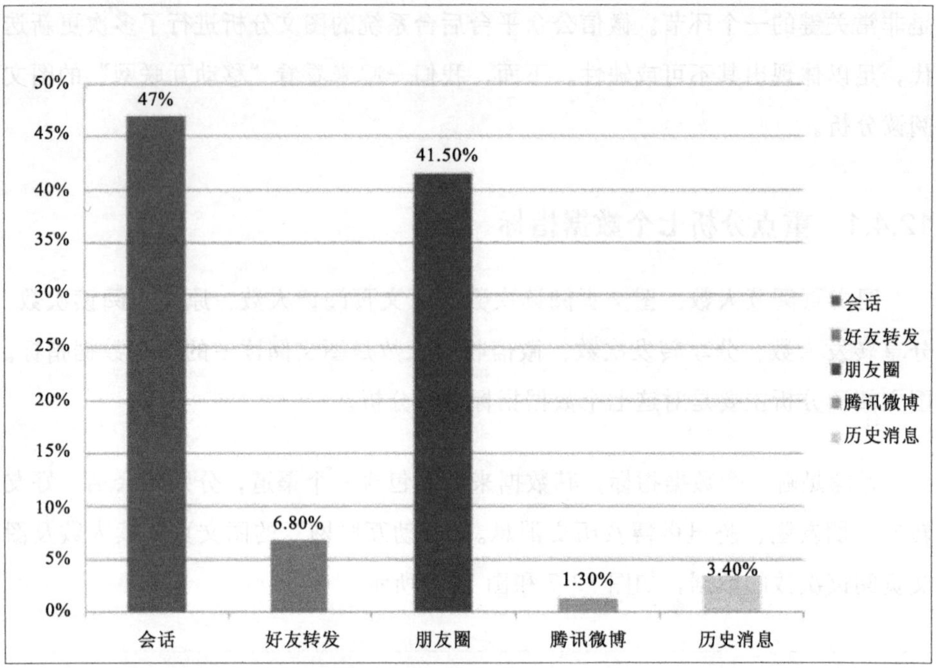

图 12-8 “移动互联网”图文页阅读次数的后台数据

从以上两图可以看出，会话和朋友圈是图文页阅读人数和次数的主要来源渠道，其次是好友转发、历史消息。而腾讯微博的转化作用较低。这与“移动互联网”在腾讯微博端的宣传力度和相应微博粉丝数有关。

12.4.2 寻找图文兴趣点

契约认为 ：“文章标题决定打开量，文章内容质量决定转发量，包括好友转发和朋友圈转发，而且标题和内容互相影响。”除了公众号直接推送的会话界面之外，朋友圈已经成为重要的流量来源渠道，这说明吸睛的内容对文章阅读量的影响力极其重要。很多大号的文章阅读量远远高于粉丝数就是这个原因。

为了加强朋友圈这一流量来源渠道，公众号运营者可以在推送优质文章的基础上，增加互动活动和小游戏，并鼓励用户分享到朋友圈。各种小游戏、抽奖活动容易受到用户追捧，也容易引起某些用户的反感，这就要求运营者设计的互动游戏要新颖有趣，而且参与门槛低，让用户乐于将其分享到朋友圈。

对于历史消息这一流量来源渠道，运营者可以对其进行优化。比如，把历史文章目录链接提取出来放在公众号菜单；把历史文章做成专题或者设置成关键词自动回复模式让用户可以分门别类地查看。这种方法也可以在一定程度上提升用户黏性。

12.4.3　分析图文转化率

图文转化率是衡量微信文章价值的重要数据指标。通过分析转化率，我们可以直观地看出受众是否乐于为文章埋单，是否乐于进行自发传播，从而引发病毒式传播。转化率一般用百分比表示，但是没有数值限制，甚至可以超过100%。转化率越高意味着文章的传播效果越好。

图文转化率是文章总的阅读转化情况，所统计的对象涉及已关注的粉丝人群和非关注人群。图文转化率是图文阅读人数与送达人数的比值。如果图文转化率超过 100%，说明图文的阅读量超过了推送的用户数，是一次成功的传播，吸引了众多非关注人群的目光。

12.5　用户属性分析

用户属性分析是契约分析“移动互联网”公众号后台数据的最后一个环节。目前，微信用户群具有年轻化、男性居多的特征。那么，公众号运营者做微信营销的时候就需要考虑自己的目标用户群是否在这里。

12.5.1　男女比例与公众号定位有关

由于各个公众号定位不同，用户男女性别比例差别较大，我们所列举的案例仅供运营者熟悉及参考。“移动互联网”用户的性别比例如图 12-9 所示。

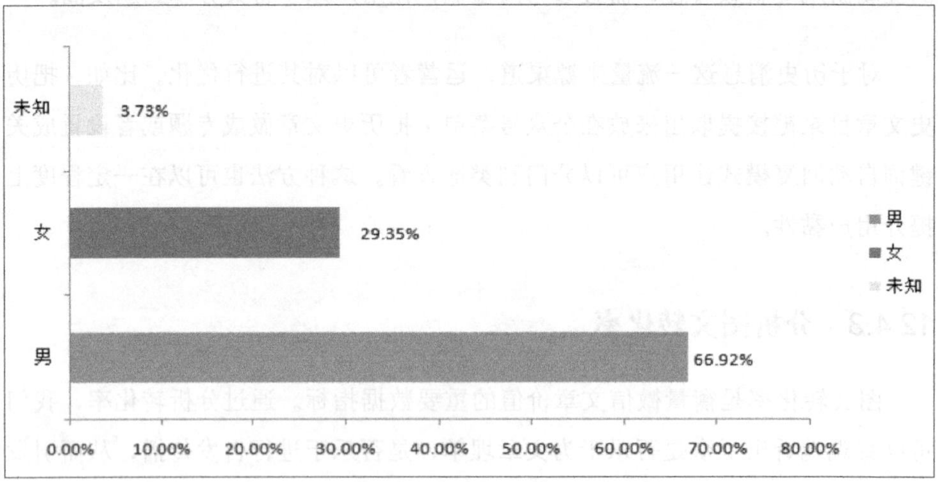

图 12-9 “移动互联网”用户的性别比例

对于“移动互联网”这种科技类的公众号来说，女性比例接近 30% 已经非常不容易了。3.73% 的未知性别可能是这些用户的微信号没有设置性别的原因。

性别比例是一项值得研究的数据。如果你从事的是美容业，那么你的公众号用户中女性应该占到至少 90%，因为女性是最爱美的群体。无论是美容产品还是美容知识，女性都是主要目标用户群。如果是专门定位为男性或女性的公众号，性别比例偏差应当更大。

12.5.2 一张图看懂省份分布

“移动互联网”用户的省份分布数据如图 12-10 所示。由图可以看出，“移动互联网”用户的分布地区是比较理想的，符合科技圈在北上广最活跃的基本规律，然后就是江浙一带相对发达的城市。

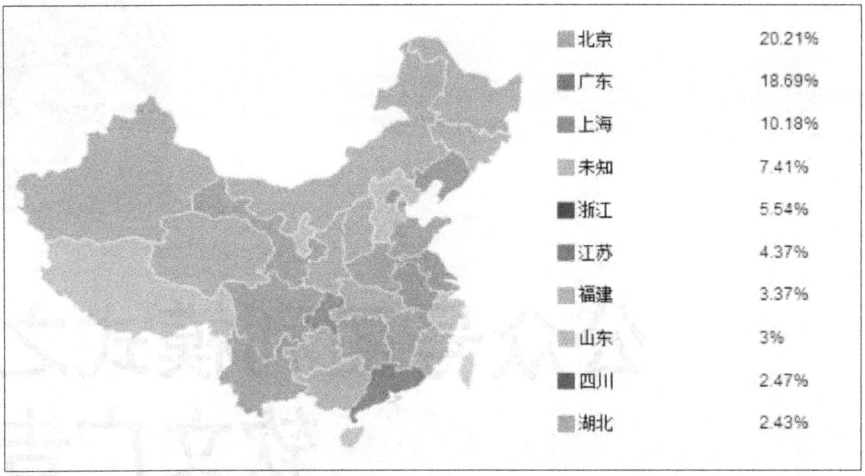

图 12-10 “移动互联网”用户省份分布 TOP10

公众号的用户省份分布数据对连锁企业是非常有价值的。某地区的粉丝增长情况可以反映出当地分店的经营状况，如果把每个分店的营业数据和粉丝增长数据进行对比，你就会发现这两个数据是正相关的。

13

公众号盈利模式之软文广告

13.1　在微信公众号中植入软文
13.2　结合热点巧写软文
13.3　优秀软文的决定因素——选题
13.4　“同道大叔”借助吐槽星座留住千万级粉丝

当你的公众号运营有了一定规模之后，如何完成粉丝的变现闭环呢？接下来，我们对微信公众号的三种普遍盈利模式做了探讨。当然有些特殊性质的公众号还可以综合运用多种盈利模式，比如“罗辑思维”。本章将讲解第一种公众号盈利模式——软文广告。

13.1 在微信公众号中植入软文

植入软文是微信公众号最普遍的盈利模式，网上某公众号运营者的报价“10万用户的订阅号，单个图文中提及一次 1000 元，推荐一次 3000 元，转发文章 6000 元”，就是对软文植入的广告主提出来的。

13.1.1 粉丝基础：订阅用户数足够多

植入软文是当前自媒体主要的盈利方式，而且盈利相当可观。前提是你的公众号粉丝足够多，质量足够好，这样广告主才愿意在你的公众号上投放软文。网上流传的“中国最贵自媒体排行榜 TOP100”如图 13-1 所示，这里只截取了前 10 名。

排名	账号名称	平台	报价范围
1	papi酱	微信	2200w
2	混子曰	微信	150w+
3	薛之谦	新浪微博	45～50w
4	冯唐	新浪微博	42～46w
5	郎club	微信	41～45w
6	顾爷	微信	36～40w
7	二更	微信	32～36w
8	咪蒙	微信	32～36w
9	艾克里里	新浪微博	27～30w
10	芭莎娱乐	微信	26～30w

图 13-1 “中国最贵自媒体排行榜 TOP100”的前 10 名

截至 2016 年 7 月，“papi 酱”微信公众号的粉丝数已突破 1000 万人；薛之谦的微博粉丝有两千多万人；冯唐的微博粉丝将近 900 万人；“混子曰”、“顾爷”、“二更”、“咪蒙”的公众号粉丝都达上百万人。

13.1.2 关键环节：软文创作

“顾爷”创作的软文总是让粉丝怀揣着期待之心点击阅读。以“顾爷”创作的《女王范》软文为例，文章开头通过叙述拿破仑加冕画里的逻辑错误引出拿破仑的皇后头上皇冠的来历：拿破仑为取悦心中女神，命令皇家工匠尼铎特制的珠宝。而这正是巴黎 CHAUMET 珠宝品牌的来历。

“石榴婆报告”公众号推送的软文也受到了粉丝欢迎。以《她的人生全是 Easy 模式》为例，“石榴婆”从“方脸影后 Reese Witherspoon”7 岁拍广告开始讲起。在事业上，Reese Witherspoon 在 15 岁便获得“最佳艺人奖提名”，还成功考入了斯坦福大学读英国文学，后来又成为奥斯卡和金球奖双料影后。在生活上，Reese Witherspoon 与高富帅经纪人结婚生子，育有三个子女，一家人其乐融融。在穿衣打扮上，Reese Witherspoon 养成了自己的特色，看起来时尚干练。

文章大概 80% 的篇幅都在用一个个的铁证证明 Reese Witherspoon 是好莱坞的人生赢家。最后的内容出乎大家意料，作为“斯坦福学霸 + 奥斯卡影后”的 Reese Witherspoon，是怎么选车的呢？此处配有一张 Reese Witherspoon 与凯迪拉克的图片。

直到最后，读者才恍然大悟，原来是凯迪拉克的广告。这样，读者已经受到感染，自然认同“凯迪拉克是人生赢家好品位的选择”的诉求。

13.2 结合热点巧写软文

软文创作应当从人们感兴趣的话题着手，然后结合自己要推广的品牌或产品，这样的软文对读者才具有吸引力。然而，很多公众号运营者不知道如何利用热点创作软文，有时还会适得其反。本节我们为大家分享了结合热点巧写软文的经验。

13.2.1　做热点标签描述

对于软文想要利用的热点事件，运营者首先需要进行总结，发表自己的简短观点。将这段评论文字作为热点标签可以引起众多读者的关注，引发他们点击阅读的欲望。不管读者是否同意你的观点，他们的关注就是我们想要达到的效果。描述完热点标签之后，运营者需要把这个结论衍生到你的推广对象上，把文章内容填充完整。

热点标签描述的重要性是不言而喻的，具有吸引力的热点标签会给软文加分，让人通过这些热点事件有继续看下去的动力。同时，软文标题也需要结合热点事件创作。

13.2.2　将热点与推广对象自然联系在一起

结合热点创作软文的时候，热点与推广对象的联系不能生硬。运营者应该将它们自然地联系在一起。下面，我们从两个方面讲述联系热点与推广对象的方法。

第一种情况是推广对象与热点相关。这种情况下的切入点比较容易找到，可以采取抛砖引玉的手法，先利用关键词引起读者兴趣，然后潜移默化地把自己要推广营销的内容说出来。

例如，机械行业各种产品的营销推广是非常枯燥的，但是与热点结合起来写，则会有意想不到的效果。比如，胡润研究院在 2016 年 6 月初公布了“胡润百富榜”前 50 名，三一重工董事长梁稳根以 700 亿元身家成为中国内地首富。如果机械行业某公司的软文从这里切入，通过首富一词吸引众人目光，然后逐渐体现出公司信息就显得顺理成章了。

第二种情况是推广对象与热点不太相关。这种情况下的切入点可以通过联想获得，即把产品的功能或者特性以极其细小的联系与热点关联。

比如，某公司自主开发的 CCProxy 代理服务器在市场上已经积累了一定的名气，但是还需要进一步开拓市场。于是，该企业的官方微信公众号便推送了这样一篇软文《原来它可以阻挡住中国好声音》。从标题来看，读者会产生疑惑，《中国好声音》这么红，谁能阻挡住它？看完内容才发现，原来这只是一个引子而已。

文章主要讲述了员工在上班时间偷偷看《中国好声音》，老板通过安装 CCProxy 代理服务器屏蔽视频网站信号来阻止员工上班时间看视频的故事。这一案例说明即使热点与公司产品无关，一样可以写出吸引人的软文。

13.3 优秀软文的决定因素——选题

创作软文之前，最让人头疼的事情就是选题了。选择题材切入软文写作是创作软文的第一步，也是最难的一步。可以说，选择了一个好题材，软文就成功了一半。

13.3.1 有创意的选题造就有料的内容

我们分析了撰写软文时使用的一些技巧，总结出四种最常用的软文选题方法，如图 13-2 所示。希望无论是刚接触软文的公众号运营者，还是已经在软文界混迹已久的老手，都能有所收获。

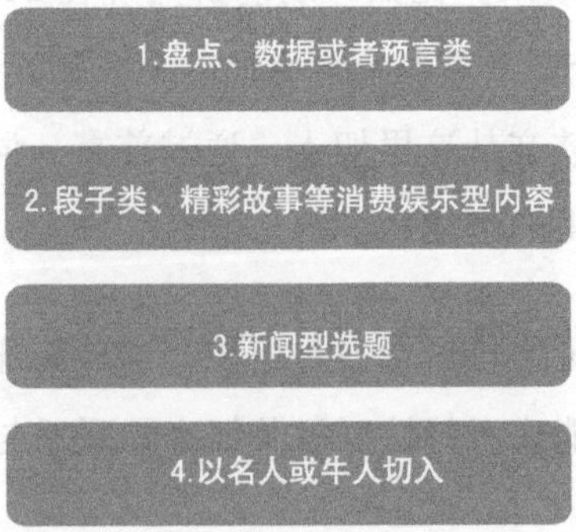

图 13-2　四种最常用的软文选题方法

1．盘点、数据或者预言类

比如，《2016 中国互联网产品经理生存现状盘点》《2016 年中国互联网十大产品事件盘点》《2017 年度十大互联网产品预言》等软文。这种选题在任何时候都可以写，是读者比较喜欢的一类软文。

2．段子类、精彩故事等消费娱乐型内容

比如，《老板让我 3 天内搞出来一个有爆点的 NB 活动，于是……》。我们在朋友圈里看到的大多数段子都属于这种类型，包括“顾爷”、“天才小熊猫”创作的软文。这种原创内容对策划功力的要求最高。

3．新闻型选题

人们对新鲜的事物总是有更大的兴趣，根据这个特征，运营者可以创作新闻型软文，往往会引发巨大的轰动。这种类型的软文有《记者观察：网上项目外包风生水起》《苹果 AIR 创、新、薄（世上最薄的笔记本电脑）》等。

4．以名人或牛人切入

大众对名人或牛人投入了较高的关注度，包括他们的工作、生活及兴趣等。如果以名人或牛人切入，一定能创造很高的点击量。这种类型的软文有《赵雅芝年轻 20 岁的秘密》《一天收益上万元，创业牛人的生意经》《PHP 高手教你怎么隐藏文件》等。

13.3.2 “天才小熊猫”一篇软文报价六位数，粉丝跪求发广告

“天才小熊猫”最早是在微博平台上红起来的，其运营者张建伟在 2013 年辞去了工作，专门通过创作软文赚钱。当时，其创作软文的广告收入就已经超过了他此前的薪水。截至 2016 年 7 月，“天才小熊猫”的微博粉丝为 624 万，公众号粉丝超过一百万，创作软文的报价达到六位数。

《千万不要用猫设置手机解锁密码》是“天才小熊猫”最经典的软文：“主

人公在把玩一台指纹解锁手机时，使用了猫的指纹。当晚，他忘了给手机充电，于是第二天不得不抱着一只猫跑去公司上班。在经历了被地铁拒载、被出租车司机嘲笑、被同事围观的一系列挫折后，噩梦没有结束。由于 PPT 文件存在手机里，开会时，他不得不在众目睽睽之下，再一次展示用猫爪来解锁的秀逗行为。”

事实上，这是一篇为手机做宣传的软文广告，然而这并不妨碍粉丝在阅读的时候哈哈大笑。最终，这篇文章被转发 17 万次，阅读量超过一亿。毫无疑问，这是一次公众号运营者、广告主、粉丝的狂欢，每一方都获得了自己想要的。

与“顾爷”将产品植入深藏于文章结尾的软文创作风格不同，“天才小熊猫”的软文在文章开头就能见到产品，植入非常显眼。那么，“天才小熊猫”是如何做到让很多读者看得很尽兴，并跪求其加快软文更新速度的呢？下面，我们总结了“天才小熊猫”创作软文的三个特征，如图 13-3 所示。

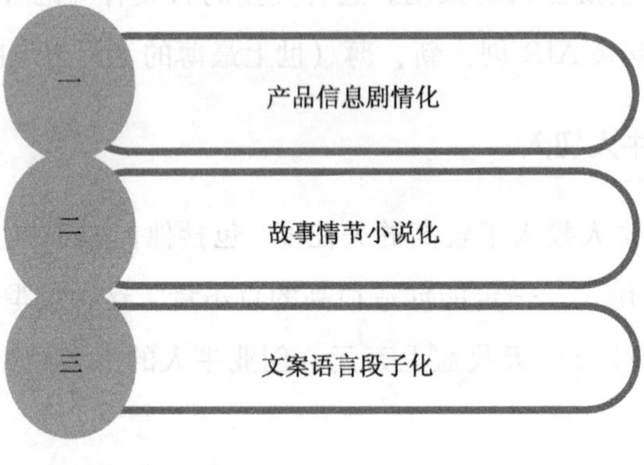

图 13-3 “天才小熊猫”创作软文的三个特征

1. 产品信息剧情化

如果只是在软文中将产品作为道具植入，其产品特征、卖点等信息往往得不到充分的展示。“顾爷”的软文创作得非常好，唯一的缺点就是产品卖点植入太少。而“天才小熊猫”不仅将产品作为道具植入到软文中，还做了一个非常有创意的设定，让整个故事情节的发展围绕产品特征展开。

比如，在《千万不要用猫设置手机解锁密码》中，多处情节都与手机卖点有关：首先，整篇文章内容都是以本款手机触屏的安全性为主线展开的；其次，看似无意的剧情也是为了突出产品性能而设定的。比如，两天没有充电说明这款手机的电池待机能力非常强。

2. 故事情节小说化

“天才小熊猫”的软文总是给人非常享受的感觉。首先，“天才小熊猫”的脑洞很大，是当下年轻人非常受欢迎的“逗趣”风格。其次，“天才小熊猫”的软文采用了小说的创作手法，读起来情节紧密相连，悬念迭出，让读者紧跟其节奏，就像在读小说一样。

比如，《千万不要用猫设置手机解锁密码》的情节发展脉络为：非同寻常地用猫爪做解锁设置→忘记充电→无可奈何抱猫上班→坐地铁被拒→受到出租车司机嘲讽→到公司后化解带猫尴尬→把猫带入会议室→当众用猫爪解锁以使用文件。“天才小熊猫”之所以将软文写得如此波澜起伏，一方面是为了给产品植入创造空间，另一方面也是为了提升读者的阅读体验，减小他们对软文中植入广告的厌恶感。

3. 文案语言段子化

“天才小熊猫”是段子界的标榜人物，作为一个 2010 年就火起来的老段子手，他创作的软文总是给人超乎寻常的体验。读者刚因为一个包袱笑完，下一个段子就接踵而来。而将软文当作段子来写是容易受到读者追捧的。

13.4 “同道大叔”借助吐槽星座留住千万级粉丝

“同道大叔”真名为“蔡跃栋”，毕业于清华美术学院。截至 2016 年 8 月，微博粉丝将近 1100 万人，公众号粉丝超过 500 万人。如果说经济的低迷可以凸显文化的繁荣，那么星座文化也不例外。“同道大叔”用星座形象讲述普通人的情感故事，受到了粉丝追捧。根据第三方平台“Hi 微小宝”给出的数据，

“同道大叔”的公众号头条 24 小时内阅读量高达 320 万次，点赞数达到两万多次。

13.4.1 软文广告切合公众号个性

“在微博这块沃土上，段子手们可以肆意生长，‘同道大叔’找到了自己的一席之地，但一旦粉丝量从几十万人，上升到几百万人，甚至几千万人，就绝不能脱离一个团队的运营。”范荪称。作为“同道大叔”的首席运营顾问，范荪与“同道大叔”是大学同学，2015 年 10 月开始帮助“同道大叔”进行运营工作。

从 2015 年开始，“同道大叔”开始发展为“同道文化”。“同道大叔”成立了深圳市同道大叔文化传播有限公司，旗下设 IP 与品牌管理公司——同道创意、新媒体公司——同道传媒、影视公司——道仔影业，以及衍生品公司——同道制造，如图 13-4 所示。

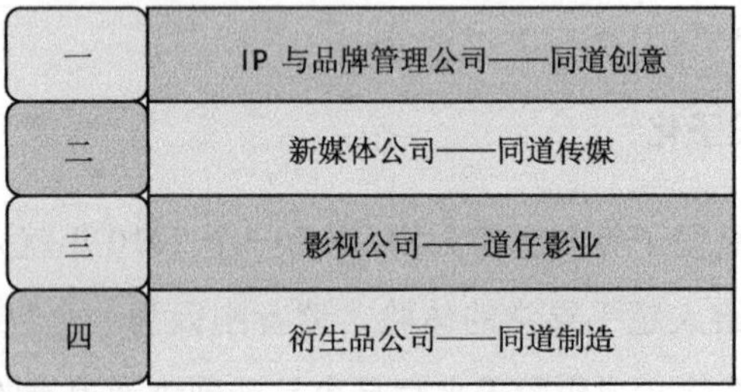

图 13-4 “同道大叔”文化传播有限公司旗下公司

不同的自媒体有不同的个性。有的定位为纯段子手，他们以生产原创视频为主；有的定位为萌宠类，他们的内容以宠物照片和视频为主。而作为自媒体星座大号，“同道大叔”最擅长以美术手段表达内容，因此把十二星座形象化是“同道大叔”沉淀内容的第一步。

找“同道大叔”做广告的广告主希望发广告的同时还得到形象授权，与星座产品联合推广。“同道大叔”推送的软文广告之所以与公众号个性切合得非常好，就是因为这一点。对于“同道大叔”来说，广告已经从简单曝光变成了形象授权等整合营销。

13.4.2　平衡商业与内容

截至 2016 年 8 月，“同道大叔”已经推出了自营品牌，让其网生内容下沉为图书、话剧等线下优质产品。2016 年 3 月，“同道大叔”与北京万好万家电子竞技传媒有限公司达成战略合作协议，双方将围绕星座文化在移动游戏发行、女子偶像团体、影视剧及网络综艺节目等相关衍生品及其他文化产品等多方面达成深度合作。

“网生 IP 转化是同道文化的一个重要能力，也会是公司未来业务发展的一块重点布局。优质的自媒体既掌握着传播力也掌握着线上内容产品品牌，如果将这种传播力与品牌效应最大化，就要向其他产品形式转化，向线下沉淀。”范苏称。

尽管同道文化的未来发展路径非常明晰，但是也存在着未知因素。“现在资源准备虽然比较充足，但是跑起来后能够达到什么程度，还存在其他不确定因素。我们能够保证提供给市场的是一个我们用心制作的有诚意的好产品，但是这个产品是否能够让用户满意是需要实践检验的。”范苏如是说道。

2016 年，一个 papi 酱引发了众人对自媒体的轰炸式关注，不同的自媒体人选择了不同的裂变方向。比如，罗振宇依托社群经济揽金无数，而同道大叔在裂变中发展为同道文化。其中，同道大叔微博及公众号在软文广告方面的收入达到千万级以上，同道文化估值超过两亿元，所有的项目都在 2016 年六七月逐步发布并继续推进。

14

公众号盈利模式之电商

14.1　自营微店：自己开店，自己盈利

14.2　在微信公众平台开通微店图文教程

14.3　货源、物流平台选择

14.4　怎么做产品推广

14.5　“经典绘本”如何凭借“公众号 + 电商”模式日入 3.3 万元

对于公众号运营者来说，电商业务是盈利能力最强的一种变现模式。很多自媒体大号在聚集了一批粉丝之后，都会尝试利用粉丝经济发展电商服务。有的利用公众号平台搭建了微店；有的直接将淘宝店链接置于公众号文章阅读原文的入口。截至 2016 年 8 月，“冷兔”、“同道大叔”都开始自营产品，通过电商模式获得盈利。

14.1　自营微店：自己开店，自己盈利

现在，开一家淘宝店的成本越来越高，你完全可以利用公众号开一个微店。比如，“90 后”萌妹子李萌仅仅运营公众号一年，就在自营微店实现销售自有品牌减肥产品七八十万元的月销售额，净利润四五十万元。作为去中心化的商业模式，如果你开了微店之后什么都不做，那么你是无法卖出产品的。但是你通过各种推广方法获得的用户，将会成为你忠实的粉丝，不用担心被同行抢走。

14.1.1　对粉丝人数要求低

1 篇文章可以卖出 93 把单价 1000 元的梳子，这是“最东西”创下的纪录。“最东西”是一个采用精品商品导购模式销售产品的微信公众号。截至 2016 年 8 月，“最东西”的公众号用户不到 50 万人，共发布 200 多件单品，月均销售额在 50 万元以上。

与各自媒体大号相比，“最东西”的用户数并不多，但是每一个用户都是忠实客户。在推荐全球最极致的东西时，“最东西”坚持每个品类只推荐一款。从收集用户需求到成文发布，“最东西”坚持 12 道工序，致力于构建每件产品差异化的价值体系。

业内人士评价称：“利用微信实现互联网移动化的趋势不可逆转。在这个过程中，媒体化是基础，场景化是转化关键，社群化是催化剂，电商化是结果。”

14.1.2 “最东西”经营产品的策略

随着个性化消费的逐步兴起，粗放型的购物平台已经无法满足追求精细、追求极致的个性化消费群体。而“最东西”解决了用户追求个性化的痛点，为那些有选择困难症、容易被繁杂信息所误导的人，以及追求品质和极致生活的高端消费者提供了最佳选择。

据“最东西”的首席运营张卓林介绍：“‘最东西’能卖出 93 把千元梳子的原因无非有三点：值得信任的品牌感、能打动用户的有用的内容，以及强有力的转化。借助‘有用’和‘最’打开市场，是‘最东西’在微信公众平台上推开电商大门的两大支点。”“最东西”经营产品的具体策略如图 14-1 所示。

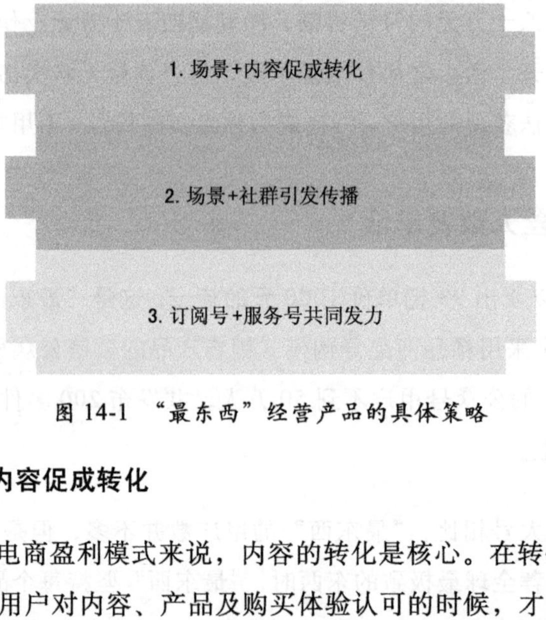

图 14-1 “最东西”经营产品的具体策略

1. 场景 + 内容促成转化

对于公众号电商盈利模式来说，内容的转化是核心。在转化过程中，场景带入是关键。当用户对内容、产品及购买体验认可的时候，才会产生购买、消费行为。

张卓林认为：“在做媒体电商的环境下，一定要做到聚焦，弱水三千只取一瓢。比如香皂，我们去年年底推出法国独有的香皂，280 元一块，大概是 3% 的转化率，这样的转化率反而是我们需要追求和关注的。”

2．场景 + 社群引发传播

“最东西”的推广经验是情景化与社群化。目前，“最东西”已经形成了用户自发组团购买的 C2B 的模式。“最东西”只需要向大家介绍一款优质的产品，用户如果表示感兴趣，“最东西”才会把所有的购买信息告诉他们。用户还可以自发组团，十个人左右，通过“最东西”出面与品牌商谈，获得更优惠的价格。

3．订阅号 + 服务号共同发力

“最东西”关于媒体电商模式的探索通过服务号与用户进行真正的沟通交流和维系，利用订阅号与阅读者进行交流。张卓林表示：“现在我们还是很小，但是我相信小个体一定会有大未来，未来的生意将通过消费升级和用户来展开，我们也会围绕着订阅号和消费升级实现更大的突破。”

近两年，曾经在淘宝上出现的大批励志创业故事开始重新涌现，但是主角已经换成了如“最东西”一样的自媒体电商。

14.2　在微信公众平台开通微店图文教程

微信小店是微信公众平台的重要功能之一。基于微信支付，微信小店可以实现添加商品、商品管理、货架管理、发布货架消息等功能。如果你的公众号已经接入微信支付，那么就可以在后台服务中心中申请开通微信小店功能。下面是微信公众平台开通微店的图文教程。

14.2.1　添加商品

首先，登录到微信公众平台，然后在左侧导航中选择“服务”选项，在展开的“服务”下找到“服务中心”并点击。这时，就可以打开“服务中心”看到“微信小店”一项，再点击并打开“微小店”。

其次，添加需要的商品，如图 14-2 所示。

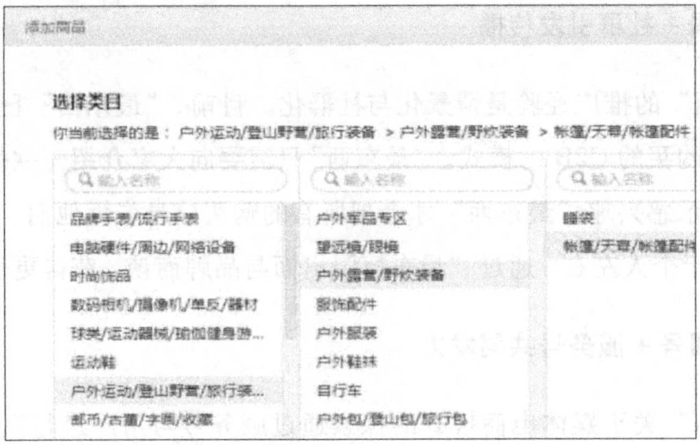

图 14-2　添加商品

最后，根据指引填写商品的基本信息，包括商品名称、商品图片、运费、库存、详情描述等，如图 14-3 所示。

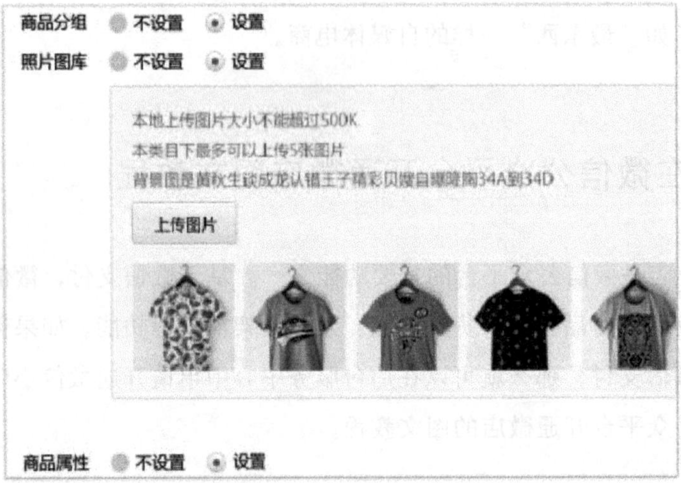

图 14-3　填写商品基本信息

14.2.2　管理商品

管理商品分为商品分组管理和商品上下架。在商品分组管理中，可以把商品设置成不同的分组，并用于货架填充，如图 14-4 所示。

图 14-4　商品分组管理

还可以利用商品上下架功能实现对商品的上下架操作，如图 14-5 所示。

图 14-5　商品上下架功能

14.2.3　管理货架

货架是指盛放商品的模板，组成不同货架的控件是不同的。货架模板如图 14-6 所示。

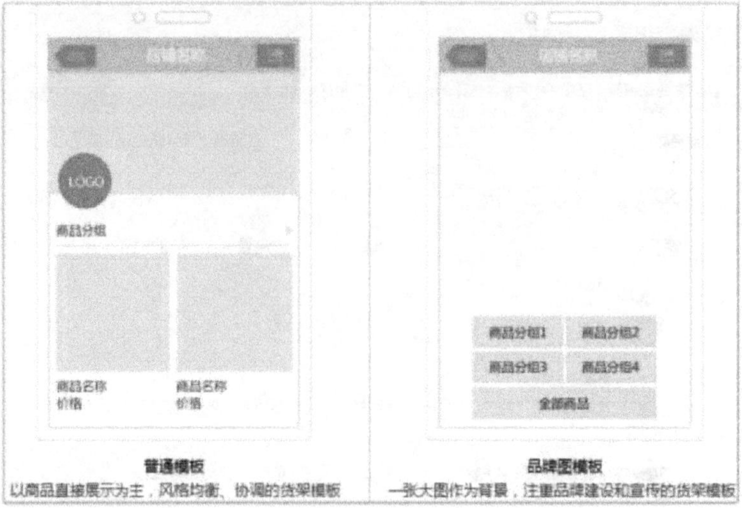

图 14-6　货架模板

选择好货架之后，可以把分组管理中的商品添加到货架中，如图 14-7 所示。

图 14-7　将商品添加到货架

货架编辑完成之后，就可以点击发布了。还需要复制链接，把链接填入公众号的自定义菜单或者下发商品消息中。

14.2.4 订单管理

用户购买你的商品，支付成功后，你的公众号后台会生成一笔订单。这时，你需要查询订单，并进行发货等操作，如图 14-8 所示。

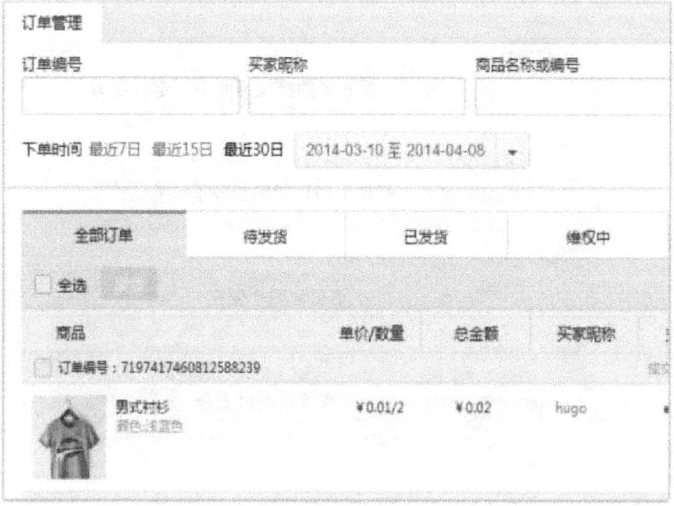

图 14-8 订单管理

目前，“好药师”“美丽说”等公众号都开通了“微信小店”这一功能。以“好药师”为例，用户可以通过“好药师”的公众号进入“微信专场”，然后就能看到“好药师”售卖的各种药品和商品，可以使用微信支付购买。

微信团队表示：“未来还将针对不同商家的运营需求，在产品形态上提供更加丰富的‘微信小店’体验和功能，并提供更多电商解决方案。”

14.3 货源、物流平台选择

公众号运营者开通微店之后，还需要第三方支持，如货源提供商和物流平台。由于货源的质量、物流速度的快慢、快递员服务态度的好坏都影响着微店生意，所以自媒体电商应当重视货源和物流平台的选择。

14.3.1 货源要保证安全、性价比高

对于自媒体电商来说，一个稳定靠谱的货源是产品热销的最强保证。如果产品无法保证，即使粉丝的忠诚度再高，也会被你伤害，从而离开你。选择货源的四个注意事项如图 14-9 所示。

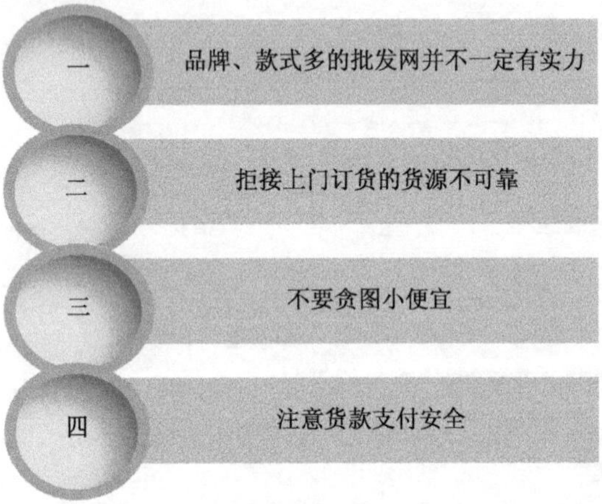

图 14-9 选择货源的四个注意事项

1．品牌、款式多的批发网并不一定有实力

很多人在选择货源的时候，总是觉得品牌越多、款式越多的批发网越有实力，但这种想法是不正确的。其实，批发商的库存压力都是很大的，所以品牌和款式不会很多，一般为两三个牌子。如果遇到声称有上千款产品的批发网站，你一定要擦亮眼睛。

2．拒接上门订货的货源不可靠

一般，企业都有自己的官方网站，自媒体电商可以通过官方网站提供的联系方式直接与企业联系。需要注意的是，大部分企业都有自己的产品展厅，应当参观后再决定是否与其保持长期的合作关系。如果因某些原因不能亲自参观，也应当假装要过去参观，看对方的态度是否热情。如果对方支支吾吾甚至拒绝，那么这个网站是不可靠的。

3．不要贪图小便宜

如果你的订货量并不是很大，但是批发商声称可以给你很大的优惠，那么批发商很有可能是有问题的。所以，抱着贪图小便宜的心理，反而更容易吃亏。

4．注意货款支付安全

对自媒体电商来说，货款支付安全非常重要。如果你要求使用支付宝一类的第三方支付平台遭到拒绝，那么要格外小心。一般，刚开始合作时使用平台担保交易最好，等到彼此信任后可以选择随意一点的支付方式。

在公众号上销售产品非常重视口碑，所以靠谱的货源是关键。刚开始做自媒体电商的公众号运营者们在选择货源时一定要货比多家，选择一个靠谱的货源。

14.3.2　物流平台三要素：速度、价格、服务

微店最初运营的时候，运营者可以根据产品的情况选择三四家物流平台。经过一段时间的合作后，再根据物流平台的表现确定长期合作的平台。选择物流平台要注意三点，如图 14-10 所示。

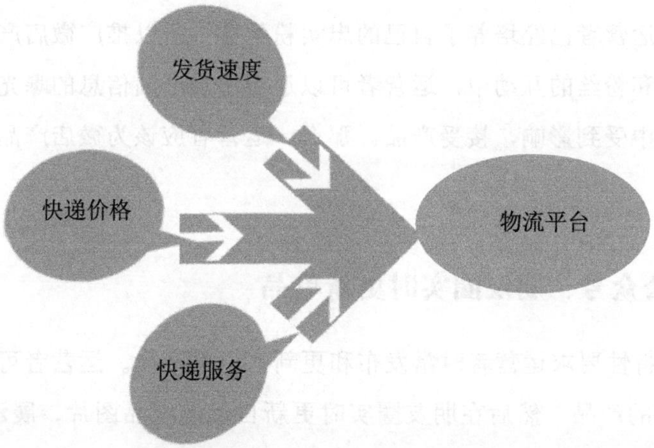

图 14-10　选择物流平台的注意事项

1. 发货速度

在合作过程中，运营者要比较几家物流平台的发货速度，最后选择发货速度最快的一家，因为用户付款后都想要尽可能快地收到货物。

2. 快递价格

并不是物流平台的价格越低越好，因为价格较低的公司在服务方面也会打折。一般，合作时间越长、单子越多，才能与物流平台商定更合适的价格。

3. 快递服务

如果几家物流平台的价格不相上下，就应当对比谁的服务好。经过一段时间的合作后，运营者可以感受到物流平台的服务情况，进而做出选择。快递服务态度好有利于提高用户的忠诚度。

经过以上选择之后，运营者可以选出最适合自己的物流平台，并找出一两家备用的物流平台，以防重点合作的快递公司有些地方到不了或者价格不合适。

14.4 怎么做产品推广

公众号运营者已经培养了自己的忠实粉丝群，所以推广微店产品就相对容易一些。在和粉丝的互动中，运营者可以适当增加产品信息的曝光率，让粉丝在不知不觉中受到影响，接受产品。那么，运营者应该为微店产品的推广做些什么呢？

14.4.1 公众号、朋友圈实时更新单品

微信的特性要求运营者时常发布和更新自己的产品。运营者可以在公众号上宣传自己的产品，然后在朋友圈实时更新自己的产品图片，展示产品特性。比如，发布最新的产品和介绍、优惠活动、团购和赠品等信息。

由于朋友圈天然自带亲切感和信任感，所以运营者可以在朋友圈里发图片、发介绍、发语音来推广宣传自己的微店产品。这样可以吸引微信好友了解产品并购买。新颖的图片和介绍有助于好友了解最新产品，好友可以评论和点赞，来说说自己对产品的感受。比如，开微店的张洁就经常在自己的朋友圈发布她卖的银饰的图片和简介，好友每次都可以轻松看到，不知不觉开始慢慢关注她的微店。

14.4.2　直播宣传更有效

当前，直播是一种非常火爆的玩法，就连“国民老公”王思聪都被这种玩法深深吸引。自媒体电商如何通过直播宣传自己的商品呢？我们在 10.3 节里已经详细介绍过，这里就不再重复。

14.5　“经典绘本”如何凭借“公众号 + 电商”模式日入 3.3 万元

截至 2016 年 8 月，“经典绘本”公众号维护时间已经超过三年。在这三年时间里，其运营者哈爸通过分享绘本和亲子教育、夫妻相处的文章，获得了 10 万粉丝，并且用公众号做到了月销售额 150 万元。

14.5.1　通过内容吸引消费者

2016 年 5 月 16 日一早，哈爸推送了公众号图文消息，销售一套售价为 155 元的绘本。当天的销售额就达到了 5 万元以上。次日粉丝们继续团购这套书，但因为购买的人太多导致这套绘本在下午两点就缺货。

在最初运营“经典绘本”的时候，哈爸主要在三大社交媒体上分享了大量对妈妈们有用的绘本资料来推广微信公众号。各种内容干货吸引了源源不断的粉丝关注“经典绘本”公众号。哈爸使用的三大社交媒体如图 14-11 所示。

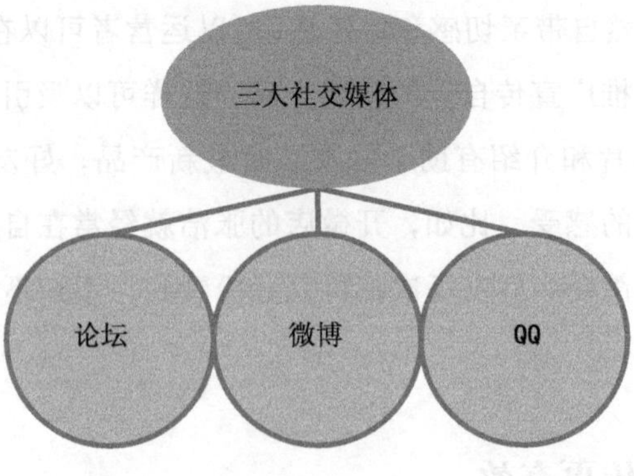

图 14-11 哈爸使用的三大社交媒体

“经典绘本”的内容一直都在根据用户需求进行调整。最初是绘本动画视频，然后是图文绘本，最后又换成了绘本音频。除此之外，“经典绘本”还会不定期分享一些关于亲子教育和家庭婚姻的文章。

14.5.2 通过魅力人格与用户建立关系

尽管哈爸很少发布原创文章，仅仅是推送摘编内容，但他与用户建立了关系，其粉丝都称其为“哈爸”，这就与罗振宇所说的“魅力人格”有关。

哈爸经常与粉丝闲谈，并在闲谈中让大家了解了他的妻子和孩子“小小哈”。很多时候，哈爸推送的文章只有几句话，但是通过几句闲谈却让大家感受到了他的魅力人格，于是就建立了关系。

14.5.3 卖用户想要的产品

有了用户，就可以开始销售了。在卖什么产品的问题上，哈爸有很多尝试，包括像罗振宇一样卖会员、像程苓峰一样卖广告、像《境界》创始人刘阳一样卖爱心等。经过尝试，哈爸发现这些模式都不是用户想要的，于是他开始尝试卖绘本童书。“经典绘本”卖绘本童书本来是一件水到渠成的事情，哈爸却绕了很大的圈才绕回来，不过能够绕回来已是万幸。

最初，哈爸选择在微信公众号里卖绘本，每天推荐一套书。若用户想要购书，需要回复收件人信息，然后哈爸把书快递过去。用户收到书之后，再通过支付宝或银行转账付款给哈爸。这种方式比较麻烦，所以哈爸后来开了一家微店，并与优质商家合作提供团购业务。在公众号上开微店的电商模式让哈爸年收入超过千万。

15

公众号盈利模式之社群活动

15.1　向参加者收取报名费

15.2　通过广告商赞助赚取赞助费

15.3　180 万用户，一年 2000 多场线下活动的“吴晓波频道”

15.4　年入千万元秘诀：“罗辑思维”的盈利模式

微信公众号是社群的依托平台，运营者可以通过举办社群活动获得盈利。“罗辑思维”的运营者罗振宇、“吴晓波频道”的运营者吴晓波都通过这种方式收获了红利。伴随着活动质量的提升，不断增加的线下活动用户能够为组织者提供更高的收益回报率，从而提升微信公众号线下活动的赢利效果。

15.1　向参加者收取报名费

在活动实施过程中，举办方通过向参加者收取适度的费用，例如报名费、餐点费等，可以获得成本回报，还能获得一定的收益。另外，还有一些运营者通过社群活动推销自己的产品，也取得了不错的效果。

15.1.1　让参加者为需求付费

公众号运营者举办的社群活动都是以社群成员的核心需求为出发点的。这一类群体的需求可能是非常小的一点，但有极强的爆发力。只要成功挖掘出社群成员的核心需求，提供满足他们需求的活动形式，就可以从中获得红利。但只有针对社群成员的需求开展活动，才能让他们心甘情愿地为之付费。

15.1.2　“红酒课堂”的社群活动——酒友汇

“红酒课堂”的运营者江右源大学毕业之后就一直从事与红酒相关的工作，包括红酒销售、培训员、酒会策划等，在红酒领域有非常丰富的知识和经验。

截至 2016 年年初，“红酒课堂”的粉丝数达到 30 万人，大多是葡萄酒爱好者。在线下，“红酒课堂”的粉丝们组成了葡萄酒爱好者俱乐部——酒友汇。酒友汇活动通过公众号发布报名信息，提供报名渠道。

截至 2016 年年初，酒友汇已经和各地酒庄形成开放式合作，合作方的顾客可以导入平台，成为“红酒课堂”的用户。酒友汇的会员将近两万人，在全国有100个分站，其中有30多个都非常活跃。酒友汇每个分站每月举办两场活动，与酒商、房地产商和家电品牌合作，对接会员策划活动。酒友汇的三个合作方如图15-1所示。

图15-1　酒友汇的三个合作方

15.2　通过广告商赞助赚取赞助费

公众号线下社群活动还可以通过广告商赞助获得盈利，前提是社群活动的社会影响力足够大，活动具有亮点和特色。一般，一级赞助可以保证收支平衡或略有盈利；二级赞助是活动商务运营的利润来源；三级赞助活动奖品、用品等，将进一步降低活动成本支出，扩大活动运营利润率。

15.2.1　公众号的粉丝数是关键

与公众号通过软文广告盈利一样，要想获得广告商赞助，公众号首先要有非常可观的粉丝数。

15.2.2　第一个吃螃蟹的人——“万能的大熊”

知名自媒体人、微信朋友圈营销第一人“万能的大熊”就是第一个吃螃蟹的人。据称，“万能的大熊”曾发起一次征文大赛，获得了国内护肤品LEELAN俪兰的冠名赞助，金额为18万元。

“万能的大熊”举办的征文大赛几乎没有投稿要求：“体裁不限、长短不限、真情实感即可，也接受漫画诗歌甚至视频投稿。”发起征文活动后的第三天，LEELAN 俪兰就找到他要求独家赞助。LEELAN 俪兰之所以心甘情愿拿出 18 万元冠名赞助，看重的就是“万能的大熊”在业内的影响力和作为一个意见领袖的话语权。

未来，随着微信公众号的发展，在线下活动寻找冠名广告商赚取冠名费将成为微信公众号一种主要的盈利模式。

15.3 180 万用户，一年 2000 多场线下活动的“吴晓波频道”

截至 2016 年 8 月，“吴晓波频道”在互联网类微信公众号排行榜上名列第二，7 日平均阅读数接近 140 万次。作为国内最出色的财经作家，曾被评为“中国青年领袖”的吴晓波，在财经爱好者群体中具有极强的号召力。180 万用户，一年 2000 多场线下活动就是“吴晓波频道”创下的佳绩。下面是“吴晓波频道”举办的三种活动。

15.3.1 以兴趣支撑的书友会

吴晓波在刚开始运营“吴晓波频道”的时候就推出了“书友会”的概念。吴晓波称：“书友会就是把喜欢读书的同学召集到一起，借由一本书，勾连一批人，以价值观聚之，以价值系之。”“吴晓波频道”开设了“荐书”栏目，定期邀请嘉宾进行主题讲座，并承诺书友会中的粉丝有机会与吴晓波近距离接触，于是全国各地的“吴晓波频道”的公众号粉丝纷纷聚集起来，大大提升了用户黏性。

15.3.2 直击用户需求的转型大课

“吴晓波频道”发起、组织的第一场千人转型大课主题为“转型之战：传统企业的互联网机会”，在深圳开讲。第一场转型大课 1500 个名额全部报满，人均培训费用在8500元左右。第二场“转型大课”在上海举办，报名场景依旧非常火爆。由此可见，“吴晓波频道”在组织转型大课培训活动方面已经初步显现品牌效应，并形成了可复制的盈利模式。

15.3.3 极具情怀的《我的诗篇》公益活动

吴晓波从2015年年初开始发表了多篇署名文章，引起广大用户对工人群体的持续关注。2015年6月，“吴晓波频道”通过众筹方式开展了“包下100场电影，免费观看《我的诗篇》纪录片”公益活动。

众筹计划在公众号上发布不到一周就已经有54家企业和机构赞助包下了80场电影，首映电影甚至出现一票难求的局面。《我的诗篇》纪录片还在2015年第18届上海国际电影节上获得金爵奖最佳纪录片。

此次活动的参与者获得了共赢，赞助企业做了一次成功的广告，“吴晓波频道”扩大了粉丝社群的影响力，受众则免费看了一场质量超高的电影。

15.4 年入千万元秘诀：“罗辑思维”的盈利模式

在众多自媒体中，罗振宇的“罗辑思维”堪称最能赚钱的自媒体。很多人说“罗辑思维”盈利模式非常复杂，看不懂它的运作套路，尤其是这种自媒体电商化赚钱的套路。那么“罗辑思维”的盈利模式到底是什么，我们从三个方面来分析。

15.4.1 向VIP会员收费

2013年8月9日，“罗辑思维”只用了半天就筹集了160万元，并售完会员数目。同年12月27日，“罗辑思维”进行二期会员的招募，规定支付方式只有微信支付。在一天之内，两万人加入了“罗辑思维”会员，“罗辑思维”

成功筹集资金 800 万元。这就是“史上最无理的会员收费制”，其实深入分析其成功原因，还是“罗辑思维”的优质内容受到了粉丝喜爱。

15.4.2　图书、月饼的饥饿营销

除了会员，“罗辑思维”的另一个盈利模式就是对高毛利商品进行饥饿营销。罗振宇选择了两种商品，一是图书；二是月饼。

普通的图书当然不是高毛利商品，但是礼品版的图书套装就不一样了。因为图书套装礼盒已经超越书籍范畴，成为一种礼品了。

而月饼也是暴利商品。罗振宇在卖月饼的时候使用了众筹玩法，吸引了众多会员参与。根据“罗辑思维”微信公众号截取的销售数据，在产品销售的 13 天时间里，用户参与人数为 2698790 人，总参与次数为 8000972 次，完成的订单笔数为 20271 笔，总销售量为 40038 盒。期间，一些“罗辑思维”的忠实“土豪”粉丝甚至花钱买月饼送给“罗辑思维”的会员。

15.4.3　讲座：二十年后的演讲门票也能卖

互联网时代，很多传统企业家们都在做互联网转型，但是又不知道如何入手，所以关于互联网讲座方面的需求特别大。截至 2016 年年初，罗振宇关于互联网讲座的出场费按小时计算已经达到 6 位数。

2015 年 12 月 31 日晚上，罗振宇举行了一场名为“时间的朋友”的跨年演讲。此前，罗振宇已经在“罗辑思维”公众号上宣布会将这个演讲持续办 20 年（每年的同一时间举办），并预售 20 年的门票 99 张，售价 40000 元；18 年的门票 300 张，售价 36000 元。罗振宇表示，这些门票一推出就被大家一抢而空。

分析至此，“罗辑思维”的三个盈利模式已经非常清晰。不得不承认，罗振宇虽然出身于央视财经，却是财经圈里最厉害的自媒体人，又是自媒体人中最懂赚钱的商人。

反侵权盗版声明

举报电话：（010）88254396；（010）88258888
传　　真：（010）88254397
E-mail：dbqq@phei.com.cn
通信地址：北京市万寿路173信箱
　　　　　电子工业出版社总编办公室
邮　　编：100036